블로그, 유튜브, 인스타그램, 라이브커머스까지

식품표시광고
가이드라인

식약처 출신 **식품전문변호사**와 **대기업연구원**이 알려주는

블로그, 유튜브, 인스타그램, 라이브커머스까지

식품표시광고 가이드라인

김태민 · 신지윤 공저

복잡한 이론과 법령 해설이 아닌 실제 사례를 활용한
알기 쉬운 식품표시광고 안내서

식품관련 민간자격증 안내와 식품표시광고 상담은 www.foodnlaw.co.kr

좋은땅

대한변호사협회에 식품전문변호사로 등록되어 활동하면서 다양한 식품기업 종사자와 식품위생감시원을 대상으로 교육할 기회가 있었고, 전국을 다니면서 열심히 강의를 진행했습니다. 그렇지만 30만 명에 가까운 식품산업 종사자를 일일이 찾아다니면서 식품법령과 제도에 대해서 설명하는 데 한계가 있음을 느꼈고, 결국 교육을 체계적으로 진행해야 한다는 결론에 도달해서 식품위생법률연구소를 설립했습니다.

설립 이래 식품법무실무능력을 시작으로 식품위생관리사, 식품창업관리사, 식품이물관리사, 식품분석관리사, 식품표시광고관리사, 외식위생관리사 등 식품 업계에서 요구하는 다양한 니즈에 맞추어 민간자격증을 개발하여 등록했고, 이제 다음 단계로 특별하게 업계에서 실무적으로 가장 논란이 많고 수요가 큰 식품표시광고 부분에 대해서 교재와 실무서로 동시에 사용될 수 있는 본서를 집필하게 되었습니다.

기존에 발간된 책들과 중복된 내용도 있지만 이번에는 실무에서 오랜 기간 근무해 온 경험이 있는 신지윤 선생님과 공동으로 집필하여 서로의 장점을 살리면서 대기업부터 중소기업까지, 블로그부터 유튜브, 인스타, 라이브커머스 방송 관계자까지 실무자들이 필요로 하는 표시 및 광고에 대한 실전 지식을 전달하고자 노력했습니다. 초판이라 여전히 부족한 부분이 많지만 앞으로 지속적으로 개정을 통해 명실상부한 국내 최고의 식품표시광고 실무 가이드라인이 되리라 기대해 봅니다.

특히 이 책에는 이미 식품광고의 대세가 되고 있는 블로그, 유튜브, 인스타 광고에서부터 최신 라이브커머스 광고에 대한 실제 사례를 보여 주면서 가이드라인으로서의 역할까지 기대하고 있습니다. 지금까지 수많은 온라인 광고들이 두서없이 진행되고 식품의약품안전처와 소비자단체 등에서 계속해서 단속과 모니터링을 실시하지만 근절되지 않는 온라인 광고에 대해 국내 최초로 가이드라인을 제시하고, 광고 집행자나 실제 당사자들이 어떤 광고가 위법인지를 판단할 수 있도록 구체적으로 안내할 것입니다.

특히 식품의약품안전처에 근무한 경험이 있고, 식품전문변호사인 저자가 직접 라이브커머스 전문 회사인 그립을 통해 라이브 방송을 진행한 경험과 TV 홈쇼핑 광고를 자문하고 직원들을 상대로 교육한 자료를 제공하면서 누구나 쉽게 이해하고 따라할 수 있도록 구성했습니다. 그러므로 이 책을 완독한다면 블로그, 유튜브, 인스타, 그리고 라이브커머스 방송을 하는 모든 사람이 합법적인 범위를 인지하면서 형사 처벌을 받거나 수사기관에 소환되는 일을 예방할 수 있을 것입니다.

불모지였던 식품법에 대해 2015년『식품과 법률』, 2016년『사례로 해결하는 식품사건(형사·행정)』, 2019년『식품창업·경영·법률 50가지 조언과 질의답변 20가지』를 발간하면서 합계 6,000부 이상 판매를 기록하고 있습니다. 일반도서가 아닌 전문도서, 그것도 식품법이라는 매우 실무적이고, 형사법과 행정법이 총망라된 분야에서 일군 성과이기에 독자분들에게 매우 감사하고 있습니다. 앞으로도 식품분야에 유일무이한 전문 변호사가 될 수 있도록 더욱 노력하겠습니다.

김태민 드림

약 3년 전, 지방 소도시에 있는 소기업 대표님께서 급히 연락을 주신 적이 있습니다.

대표님께서는 농산물 가공품을 만드는 조그마한 영업장을 운영하고 계셨는데 HACCP 인증에 관심이 있어 군청에 상담하러 갔더니, HACCP 인증하는 제품은 영양성분을 반드시 표시하여야 하니 성분 분석 등을 준비하시라는 답변을 받았다는 것이었습니다. 사무실로 돌아온 즉시 유사제품을 찾아보았지만 시중에 유통되고 있는 유사제품 대부분이 영양성분 표시가 없어서, 해당 제품을 만든 영업자가 영양성분을 누락한 잘못을 한 것인지, 군청 직원이 잘못 안내를 해 준 것인지 모르겠다는 것이었습니다. 그래서 해당 영업장에서 생산하는 제품 품목제조보고서를 확인한 후 해당 식품의 유형이 영양성분 표시 대상이 아니고 또한 HACCP 인증과는 별도로 진행할 수 있음을 답변드리고, 관련 규정과 유권해석 사례까지 정리하여 도움을 드린 적이 있었습니다.

실제로 규모 있는 일부 기업을 제외한 대부분의 중소기업에서는 품질관리(QC) 직군 종사자분들 또는 임원분들께서 식품법령 관련 업무를 병행하는 현실이며, 실질적으로 표시 규정 교육 등을 하다 보면 '식품 관련 법령 중 가장 복잡하고 이해하기 어려운 것이 표시'이고, '규정이 너무 수시로 변경되어 그 변화를 못 쫓아가겠다'는 하소연을 많이 듣게 됩니다.

식품표시는 영업의 허가 또는 신고, 식품 유형 등을 정확히 이해하는 것을 시작으로 제품명, 원재료명 및 함량, 원산지 등의 복잡 다양한 내용을 포함하여야 하고, 해당 내용이 소비자, 단속 권한을 가진 관계당국, 또는 경쟁사에게 가감없이 해당 정보가 노출되는 어쩌면 리스크가 가장 높은 콘텐츠라고 할 수 있습니다. 그러나, 대부분의 기업은 시중에 유통되는 유사제품의 표시를 그대로 따라 쓰거나 단속권한이 있는 시·군·구청 직원에게 도움을 요청하고 있는 실정이지만, 이 또한 오류의 가능성을 배제할 수 없기에 근본적인 어려움이 있는 것이 사실입니다.

따라서 차근차근히 표시법과 표시기준에 담긴 내용을 기초부터 완전히 이해하고 실전에서 해당 지식을 적용하는 경험을 축적할 수 있도록 돕는 것이 식품표시 관련 규정을 수년간 검토하는 일을 해 온 사람으로서의 역할이 아닐까 생각해 보았습니다.

이 책에서는 지면의 제약 등으로 인해 식품표시 규정에 대한 모든 내용을 담아내지 못하였으나 약 15년의 식품표시 관련 실무 경험을 토대로 식품표시법을 이해하는 데 필요한 가장 기본적인 원칙을 가능한 이해하기 쉽게 설명하고자 하였습니다.

복잡한 표시 관련 규정을 이해하고 현장에서 적용하시는 데 조금이나마 도움이 되었으면 합니다. 또한 앞으로 기회가 된다면 지면을 비롯한 다양한 커뮤니케이션 경로를 통해 많은 분께 저의 경험과 지식을 공유할 수 있을 수 있기를 고대합니다.

신지윤 드림

목차

제6장 식품표시광고 자주 묻는 질문 FAQ

제7장 첨부자료

제1장

식품표시광고
법률의 이해

① ····· 식품표시광고법 제정과 시행의 문제점

　　'새 술은 새 부대에 담아라'라는 말이 있듯이 무언가 새롭게 시작할 때는 과거의 것에 얽매이지 말고, 문자 그대로 새롭게 모든 것을 바꾸는 것이 맞습니다. 2018. 3. 14. 「식품 등의 표시·광고에 관한 법률」이 제정되면서 기존 「식품위생법」, 「축산물위생관리법」, 「건강기능식품에 관한 법률」에 규정되어 있었던 '표시·광고' 부분을 하나로 통합해서 관리하게 되었습니다. 그리고 2019. 3. 14. 법령이 시행되었고, 시행규칙도 그보다 한 달 뒤인 2019. 4. 25. 제정 및 시행되었고, 이제 관련 고시마저 제정되어 완벽한 법령 규정 시스템이 작동하고 있습니다. 게다가 2019년 초 해커톤 합의를 통해 확정된 일반식품의 기능성 표시제도까지 시행되고 있으므로 앞으로 식품표시광고법의 중요성이 더욱 커진다고 하겠습니다.

　　그렇다면 기존 법령에 분산되어 있던 표시와 광고에 관한 규정을 한 곳에 모아 식품표시광고법을 제정하게 된 이유는 무엇일까요? 우선 법령을 제정하면서 당시 발표되었던 사유를 보면 『식품위생법』, 「건강기능식품에 관한 법률」 및 「축산물 위생관리법」에 분산되어 있는 식품 등의 표시·광고에 관한 규정을 통합하는 동시에 식품 등의 표시의 기준에 관한 주요 내용을 법률로 규정함으로써 식품·건강기능식품·축산물·수입식품 등 관련 영업자들이 표시·광고 규제의 주요 내용을 쉽게 파악할 수 있도록 하고, 영업자가 식품 등에 관하여 국민들에게 정확한 정보를 제공하도록 하기 위하여 사행심을 조장하거나 음란한 표현을 사용하여 공중도덕이나 사회윤리를 현저하게 침해하는 부당한 표시·광고를 금지하며, 「식품위생법」 및 「건강기능식품에 관한 법률」에 따른 기능성 표시·광고 사전심의를 폐지하고, 식품 관련 단체에서 부당한 표시·광고행위를 자율적으로 심의하는 기구를 운영할 수 있는 근거를 마련하려는 것임'이라고 명시되어 있습니다.

그런데 과연 이런 이유로 새롭게 법을 만들어야 할 정도로 큰 문제가 있었는지는 의문입니다. 일단 법령이 바뀌면 영업자 입장에서는 포장지 인쇄부터 모두 다시 해야 하는 번거로움과 비용문제가 발생하기 때문입니다. 예를 들어 지금 현재 수입식품에 부착되어 있는 스티커를 보면 전부 '식품위생법에 따른 표시사항'이라는 문구가 쓰여 있는 것을 확인하실 수 있는데, 이것부터 전부 '식품표시광고법에 따른'으로 변경해야 하니 스티커를 다시 제작해야 하는 겁니다. 어쨌든 법령 제정의 첫 번째 이유는 영업자들이 표시·광고 규제의 주요 내용을 쉽게 파악할 수 있도록 하기 위함이라고 했는데, 일반 가공식품과 축산물가공식품이나 건강기능식품을 동시에 생산하는 영업자가 아닌 이상 관련 법령의 규정만 보면 되는데 지금과 같은 상황에서는 다른 제품까지 함께 규정된 법까지 두 가지 법령을 알아야 하니 오히려 더 복잡해진 것은 아닐까 하는 의문이 듭니다. 물론 다른 제품에 관련된 법령과 비교하여 형벌이나 행정처분이 상이해서 억울한 부분은 다소 해소가 된 것은 맞지만 영업자를 위해서라는 목적은 이현령비현령(耳懸鈴鼻懸鈴)같습니다. 영업자의 입장에서는 기준·규격이나 영업자 준수사항에 대한 것은 「식품위생법」이나 「축산물위생관리법」, 수입에 대한 것은 「수입식품안전관리특별법」, 자가품질검사에 대한 것은 「식품·의약품 분야 시험·검사에 관한 법률」, 표시·광고에 대한 것은 「식품 등의 표시·광고에 관한 법률」까지 전부 알아야 합니다. 둘째로 '영업자의 부당한 표시·광고를 금지하며'라는 표현이 있는데, 기존 법령에서도 금지된 표시·광고를 그대로 옮겨 놓은 것이 대부분이라 과연 새로운 식품표시광고법이 제정되면 부당한 표시·광고가 자동으로 금지될지도 역시 의문입니다. 결과적으로 과거와 달라지는 것은 크게 없습니다. 다만 영업자가 새로운 법령 제정으로 인해 숙지하고 조심해야 할 의무만 더 증가한다고 생각됩니다.

마지막으로 사전심의를 폐지하고, 자율적으로 심의하는 기구를 운영할 수 있는 근거를 마련하겠다는 것인데, 이 부분도 기존에 진행되고 있는 사전심의 제도를 명칭만 변경해서 자율심의기구에서 의무적으로 진행하도록 규정하고 있어 큰 차이가 없습니다. 다만 광고 실증제, 일반식품 기능성 표시제도와 같이 기존 법령에 없었던 새로운 제도가 시행됨에 따라 앞으로도 소비자와 소통하기 위한 표시와 광고의 중요성은 더욱 커질 것이기에 식품표시광고법에 따른 새로운 제도와 정책에 대한 변화에 적응해야 할 것입니다.

사실 표시·광고에 대해서는 이처럼 법률의 제정보다 더욱 중요한 것이 바로 담당자의 유권해석입니다. 현재 식품의약품안전처에서 가장 유권해석 민원이 많은 분야가 바로 표시와 광고에 대한 것입니다. 최근 식품의약품안전처가 민원인의 편의를 위해 자주 질문이 발생하는 문제에 대해 답변을 공개하겠다고 발표했지만 사실상 모든 사항을 영업자가 검색하거나 자신의 제품에 적용하는 것이 불가능하기 때문에 앞으로도 문의가 감소하지는 않을 것입니다. 도대체 이 문제를 어떻게 해결해야 할까요? 방법이 전혀 없는 것일까요? 저는 식품의약품안전처가 정책의 방향만 바꾸면 지금보다 더욱 효율적인 방법으로 표시광고를 관리감독할 수 있다고 생각합니다.

우선 첫째로 표시·광고에 대한 규제를 대폭 완화해야 합니다. 지금 식품의약품안전처는 표시와 광고에 대해 특별한 목적이나 의지 없이 소비자단체를 방패삼아 제도와 정책을 추진하면서 법령을 개정하려는 데 문제가 있습니다. 소비자단체가 허위·과대광고를 근절해 달라고 요구하는 것은 충분히 이해하지만, 현행 제도처럼 영업자단체에 사전심의를 맡길 바에는 아예 단속과 행정처분, 이익환수 조치를 강화하는 방향으로 정책을 변경하는 것이 훨씬 낫습니다.

지금처럼 영업자단체에 광고를 맡긴다는 것 자체가 어불성설이지만 이로 인해 객관적인 기준도 없이 회의 결과에 따라 허위·과대광고 여부가 판단된다는 자체에 더 큰 문제가 있습니다. 그래서 과거에 운용되었던 사전심의제도는 이미 헌법재판소로부터 위헌 결정을 받아서 폐지된 것이고, 명칭만 변경된 자율심의의 의무시행이 존재하는 현행 제도하에서도 식약처 발표를 보면 매년 수만 건의 허위·과대광고가 적발되기 때문에 결국 현재 운영되는 제도가 그 기능을 제대로 하지 못한다는 결론에 도달할 수 있습니다.

합법적인 영업을 하지 않고, 위법한 표시나 광고를 통해 이익을 얻으려는 영업자에게 가장 큰 위협은 부당이익을 환수하는 것입니다. 허위·과대광고로 발생한 이익을 처분이나 적발과 동시에 가압류해서 자산을 동결한 후 조속한 사후조치를 통해 환수한다면 헌법에도 위반되고 '고양이에게 생선을 맡기는 격'인 사전심의 없이도 충분한 허위표시, 과대광고 근절 효과를 거둘 수 있을 것입니다. 그리고 이를 통해 건전한 영업을 하는 양심적인 식품 회사를 보호할 수도 있습니다.

둘째로 유권해석과 관련해 적극적인 네거티브 규제 방침으로 과감하게 허용해야 합니다. 현행 식품표시광고법에 따라 영업자가 실증할 수 있는지 여부만 따지면 될 뿐 사전심의를 통한 이중 규제를 해서는 아니 됩니다. 구체적인 문구나 디자인까지 식약처가 해석할 수도 없고, 통상적인 가이드라인만 명확하게 만들어서 배포하면 충분합니다. 아마 모든 영업자들이 기대하는 제도라고 생각되는데, 다만 이런 조치는 부정적인 시각으로 단속이나 규제를 하려는 정책에서 완전히 벗어나 객관적인 자료가 있는 경우 허용한다는 적극적인 행정이 선행되어야만 빛을 발할 수 있습니다. 즉 식품의약품안전처가 인식을 전환해야만 합니다.

아무리 좋은 법령이 있어도 결국 운영하는 주체가 중요하다는 뜻입니다. 지금까지 소수의 악의적인 영업자를 단속하고 처벌하는 데 식품표시광고법의 존재 이유를 찾았었다면 앞으로는 선량한 다수의 영업자를 보호하고, 악의의 영업자로부터 피해를 입은 소비자를 보호하는 방향으로 전환되어야 할 것입니다.

2 ..... 자율적 사전심의 의무 제도

2017년에 개봉되어 1200만 국민이 관람했던 영화 「택시운전사」에서는 한 지역 신문사의 일간지 1면이 군부의 사전 검열로 인해 백지 처리가 된 화면이 나옵니다. 당시 계엄령이 선포되면서 정부가 언론을 통제한다는 내용으로 이것이 바로 '사전 검열'입니다.

헌법에서는 이러한 사전 검열을 철저하게 금지하고 있는데, 특히 헌법 제21조 제2항에서는 언론·출판에 대한 허가나 검열과 집회·결사에 대한 허가는 인정되지 아니한다고 명확하게 규정하고 있습니다. 이런 원칙에 따라 이미 의료법에 규정되어 있던 사전심의제도에 대해 2015년 헌법재판소가 위헌 결정을 했고, 3년 뒤인 2018. 6. 28. 건강기능식품에 관한 법률에 규정된 기능성 표시·광고에 대한 사전심의도 위헌 결정이 나서 무효화되었습니다. 하지만 아마 이 책을 읽고 있는 담당자나 영업자는 모두 의아해할 겁니다. 2018년 위헌 결정 이후에도 달라진 것이 아무것도 없기 때문입니다. 심지어는 법령까지 바뀌었지만 이전에 진행되었던 사전심의에 대한 모든 부분이 그대로입니다. 그렇다고 헌법재판소의 결정이 완전히 무시된 것은 아닙니다.

우선 당시 헌법재판소 결정의 주요 이유에 대해 알아보겠습니다. 우선 건강기능식품에 대한 광고가 언론이 아니기 때문에 사전 검열 금지의 대상이 아니라는 주장입니다. 이에 대해 헌법재판소에서는 상업광고도 사상을 표현하는 것으로 간주하기 때문에 표현의 자유 대상에 포함된다고 일관되게 판단해 왔기 때문에 건강기능식품에 관한 표시와 광고 역시 사전 심의 대상인지는 위헌 여부에 대한 판단이 필요하다고 결론을 내렸습니다. 또한 건강기능식품의 기능성에 대한 표시·광고의 심의 업무의 심의 주체, 해당 위원회의 구성, 심의기관의 보고절차 및 보고 대상, 식품의약품안전처장의 재심의 권고와 심의기관의 재심의 의무, 이의신청 절차 등에 비추어 보면 식품의약품안전처장은 심의 내용에 영향을 줄 수 있기 때문에 행정권이 주체가 된 사전심사결과가 존재한다고 헌법재판소는 판단했고, 이로 인해 건강기능식품에 관한 법률에 규정된 금지 조항과 처벌 조항은 헌법이 금지하고 있는 사전 검열로서 위헌이라고 결정했습니다.

이런 결정 때문에 변경된 것이 있는데, 과거 심의위원회에는 당연직으로 식품의약품안전처 공무원이 포함되어 있었으나, 위헌 결정 이후에는 배제되어 형식적으로는 심의위원회 구성이 식품의약품안전처에 의해 좌지우지되지 않고 자율적으로 구성될 수 있음을 보여 주고 있습니다. 하지만 과거와 같이 식품의약품안전처가 자율심의기구를 평가하고 선정할 수 있는 권한이 있기 때문에 얼마나 독립적인지는 의문입니다.

어찌되었든 2018. 6. 28. 헌법재판소는 건강기능식품에 관한 법률에 규정된 표시·광고에 대한 식품의약품안전처의 사전 심의가 위헌이라고 선고했고, 해당 조항은 헌법에 위반되므로 사전심의 자체를 금지해야 한다는 결론을 내렸습니다. 2010. 7. 헌법재판소가 합헌 선고를 한 전례가 있었기 때문에 식품의약품안전처를 포함한 다수의 전문가들이 이번에도 합헌으로 결론이 나지 않을까 기대했던 것도 사실이지만 2016년 촛불집회를 통해 탄핵심판도 진행된 대한민국의 헌법재판소는 국민의 권리를 보호하는 데 더욱 집중하는 방향으로 변화되었고, 이번 헌법재판소의 선고를 이런 기조가 적극적으로 반영된 것이라고 생각됩니다. 헌법재판소 선고의 가장 큰 의의는 국민의 권리를 보호하는 것이 바로 헌법이라는 것입니다.

하지만 아시다시피 위헌 결정이 선고되었고, 식품표시광고법이 시행되었지만 제도의 명칭만 자율심의로 변경되었을 뿐 절차나 처벌조항 등은 모두 과거와 동일한 상태로 있는 것이 현실입니다. 그러나 세부적으로 조금 다를 수가 있는데, 과거 식품의약품안전처가 주체가 되던 심의에서는 적합 판정을 받으면 이에 대해 설사 추후 위법으로 판단되어도 형사처벌이나 행정처분을 내리는 것이 불가능했지만 현재와 같이 자율심의인 상황에서는 심의기구의 결론이 반드시 식품의약품안전처의 합법 확인과 동일시되지 않기 때문에 심의에서 적합 판정을 받아도 추후 형사 처벌이나 행정처분을 받게 될 가능성도 있다는 것입니다. 즉, 식품의약품안전처가 아무런 보증을 해 주지 않게 된 것이 영업자들에게 큰 위험부담이 될 수 있다는 것입니다. 다만 실제로는 발생하기 어려운 사례가 될 수 있지만 여전히 현재 구성되어 있는 표시광고심의위원회의 결정과 수사기관이나 행정기관과 다를 경우에 발생할 문제의 소지는 항상 존재합니다.

3 ⟩ ···· 식품표시광고법 처벌 조항 해설 1(제26조)

식품표시광고법의 처벌 조항은 제26조, 제27조, 제28조, 제29조 네 개의 조항으로 구성되어 있습니다. 우선 네 개의 처벌 조항 중에서 가장 처벌 강도가 높고, 징벌적 성격이 강한 제26조에 대해 알아보겠습니다.

조항	내용
제26조	① 제8조제1항제1호부터 제3호까지의 규정을 위반하여 표시 또는 광고를 한 자는 10년 이하의 징역 또는 1억원 이하의 벌금에 처하거나 이를 병과(竝科)할 수 있다.
	② 제1항의 죄로 형을 선고받고 그 형이 확정된 후 5년 이내에 다시 제1항의 죄를 범한 자는 1년 이상 10년 이하의 징역에 처한다.
	③ 제2항의 경우 해당 식품등을 판매하였을 때에는 그 판매가격의 4배 이상 10배 이하에 해당하는 벌금을 병과한다.

우선 제26조는 위와 같이 세 개의 항으로 구성되어 있는데, 제1항은 식품표시광고법에서 가장 죄질이 나쁜 행위로 규정하고 있는 아래 표와 같은 제8조 제1항 제1호부터 제3호까지 규정을 위반한 경우의 처벌을 규정하고 있습니다.

> **제8조(부당한 표시 또는 광고행위의 금지)** ① 누구든지 식품등의 명칭·제조방법·성분 등 대통령령으로 정하는 사항에 관하여 다음 각 호의 어느 하나에 해당하는 표시 또는 광고를 하여서는 아니 된다.
> 1. 질병의 예방·치료에 효능이 있는 것으로 인식할 우려가 있는 표시 또는 광고
> 2. 식품등을 의약품으로 인식할 우려가 있는 표시 또는 광고
> 3. 건강기능식품이 아닌 것을 건강기능식품으로 인식할 우려가 있는 표시 또는 광고

식품관련 법령에서 10년 이하의 징역 또는 1억원 이하의 벌금에 처하거나 병과할 수 있다는 조항은 최고형에 해당됩니다. 조항을 보면 식품의약품안전처의 건강기능식품에 대한 보호 의지가 얼마나 강한 것인지 알 수 있습니다. 물론 이 조항은 구 식품위생법 제13조 제1항 제1호의 내용을 세 개로 나누어 놓은 것에 불과하지만 실제로 행정처분의 경우 아래와 같이 영업정지 2개월, 영업정지 15일, 영업정지 7일로 큰 차이가 있음에도 불구하고 형사 처벌은 동일하게 규정한 것이 처벌의 균형성에 맞는 것인지 의문입니다.

위반사항	근거 법조문	행정처분 기준		
		1차 위반	2차 위반	3차 위반
라. 법 제8조제1항을 위반한 경우	법 제14조 부터 제17 조까지			
1) 질병의 예방·치료에 효능이 있는 것으로 인식할 우려가 있는 표시 또는 광고		영업정지 2개월과 해당 제품(표시된 제품만 해당한다) 폐기	영업허가·등록 취소 또는 영업소 폐쇄와 해당 제품(표시된 제품만 해당한다) 폐기	
2) 식품등을 의약품으로 인식할 우려가 있는 표시 또는 광고		영업정지 15일 (건강기능식품의 경우 영업정지 1개월로 한다)	영업정지 1개월 (건강기능식품의 경우 영업정지 2개월로 한다)	영업정지 2개월 (건강기능식품의 경우 영업허가를 취소한다)
3) 건강기능식품이 아닌 것을 건강기능식품으로 인식할 우려가 있는 표시 또는 광고		영업정지 7일	영업정지 15일	영업정지 1개월

게다가 상기 표에서 건강기능식품에 대해서는 다시 일반 식품과 달리 2배의 행정처분을 규정하고 있어 건강기능식품에 대한 차별적인 규정임이 명백하므로 추후 개정이 반드시 필요하다고 생각됩니다.

식품표시광고법 제8조 제2항은 재범에 대한 가중처벌 내용입니다. 구 식품위생법에 존재하던 규정을 옮겨 온 것으로 식품표시광고법 제26조 제1항을 위반하여 재판을 받고 형이 확정된 경우(1심 선고 후 항소를 하지 않으면 1심으로 확정됨) 확정 후 5년 이내에 다시 제26조 제1항을 위반한 자에게는 하한 1년 이상의 징역형이 선고될 수 있다는 내용입니다. 실제로 구 식품위생법에 규정되어 있던 동일한 조항을 위반해도 10년 이하 징역형이라 법원에서 경미하다고 판단될 경우 벌금형 100만원도 가능했고, 이런 이유로 다수의 사건이 징역형에 못 미치는 벌금형으로 끝나기 때문에 불법을 자행하는 영업이 반복되는 것을 방지하기 위해서 징역의 하한을 둔 것입니다. 그럼에도 불구하고 실제 사건에서는 형법 제53조에 따라 법원에서 범죄의 정상을 참작하여 형을 작량하여 감경할 수 있기 때문에 선언적인 의미만을 부여하고 있을 따름입니다.

실제로 법원은 구 식품위생법 제94조 제2항(현행 식품표시광고법 제8조 제2항과 내용 동일)을 위반한 사건에서 "범행 기간, 식품 판매 횟수 및 금액에 비추어 이 사건 범행의 죄책이 가볍지 않은 점, 피고인에게 동종 범행으로 처벌받은 전력이 여러 차례 있는 점은 피고인에게 불리한 정상이나, 피고인이 게시한 글의 내용이 대부분 방송에 나온 것이어서 피고인의 위법성 인식 정도가 그리 중하지 않았을 것으로 보이는 점, 피고인으로부터 식품을 구입한 소비자들 상당수가 피고인의 선처를 탄원하는 점을 참작하여 법정형을 감경한 범위에서 형기를 정한 징역형의 집행유예와 법률상 처단형의 하한에 가까운 벌금형을 선고한다"고 판시한 바 있습니다.

다음은 식품표시광고법 제26조 제3항의 재범에 대한 벌금형에 대한 내용입니다. 사실 식품 회사를 운영하면서 가장 걱정되는 것은 영업에 피해를 주는 영업정지와 같은 행정처분과 금전적인 피해입니다. 그래서 이 조항의 규정대로 제품의 원가가 아닌 판매가격의 4배 이상 10배 이하에 해당하는 벌금형은 징벌적 손해배상의 성격이 농후한 것입니다. 그리고 징역형과 함께 병과될 수 있기 때문에 신체적 불이익과 함께 금전적인 피해까지 가능한 것이므로 식품표시광고법 제26조 제2항을 위반할 경우 실질적으로 현행 법령 중에서 가장 강력합니다.

실제로 이 조항과 관련하여 최근 적용된 사례가 대법원 판결로 확정되었고, 헌법재판소에 해당 법령이 비례의 원칙과 명확성의 원칙 등에 위배된다는 헌법소원이 있었으나 기각된 바 있습니다(2019. 8. 29. 2017헌바416). 당시 헌법재판소는 "헌법상의 평등원칙 및 비례원칙 등에 명백히 위배되는 경우가 아닌 한, 법정형의 높고 낮음은 입법정책 당부의 문제고 쉽사리 헌법에 위반된다고 단정해서는 아니 된다는 기존 헌법재판소 결정이 있고(2013. 7. 25. 2012헌바320), 법관은 작량감경을 통해 벌금형을 감액할 수도 있으므로 법률조항이 법관의 양형재량의 범위를 과도하게 제한하고 있다고 볼 수 없다"고 판시했습니다. 그리고 "어느 정도의 벌금형을 필요적으로 병과할 것인가의 여부는 원칙적으로 입법정책의 문제라는 점, 식품에 대한 허위 표시·광고행위는 국민의 건강과 생명에 심각한 위협을 가하는 죄질이 무겁고 반사회적인 범죄인 점 등을 고려하면, 그 범죄예방을 위한 형사정책적 측면에서 식품에 대한 허위·과대광고 행위로 형을 선고받고 그 형이 확정된 후 5년 이내에 다시 그 죄를 범한 사람이 해당 식품 또는 식품첨가물을 판매한 때에는 징역형과 함께 벌금을 필요적으로 병과하도록 규정한 이 사건 법률조항이 범죄의 죄질 및 행위자의 책임에 비하여 지나치게 가혹한 것이라거나 범죄에 대한 형벌 본래의 목적과 기능을 달성함에 있어 필요한 정도를 일탈한 자의적 입법이라 볼 수 없다"고 밝히면서 해당 조항이 과도하지 않다고 판단했습니다.

그러나 이에 대해 반대의견을 표명한 재판관도 있는데, 아래와 같이 의견을 소개합니다.

헌법재판소 2017헌바416 사건에서 9명의 재판관 중 이선애 재판관은 유일하게 해당 법률조항이 필요적으로 벌금을 병과하도록 정한 것이 책임과 형벌 간 비례원칙에 반한다고 의견을 밝혔습니다. 반대의견은 크게 세 가지 이유를 제시하고 있습니다.

첫째, 별도의 징역형을 추가로 선고받은 것과 동일한 효과를 초래할 수 있다는 것으로 "형법상 노역장유치조항은 선고되는 벌금이 1억원 이상 5억원 미만인 경우에는 300일 이상, 5억원 이상 50억원 미만인 경우에는 500일 이상, 50억원 이상인 경우에는 1,000일 이상의 유치 기간을 정하도록 하고 있으므로, 만일 판매한 식품의 소매가격이 2,500만원 이상인 경우에는 최소한 1억원 이상의 벌금형의 필요적 병과를 예정하고 있는 이 사건 법률조항과 위 노역장유치조항이 결합되어 최소한 300일 이상의 징역형을 추가로 선고하는 효과가 나타나게 된다"는 것입니다.

둘째로 벌금형에 대한 선고유예가 가능하다고 하지만 "자격정지 이상의 형을 받은 전과가 있는 자에게는 선고유예를 할 수 없는데, 선고유예는 범행의 가담 정도가 극히 경미하거나 실질적 피해가 거의 없는 경우 등과 같이 유죄임에도 형의 선고를 유예할 만한 특별한 사정이 있는 경우 예외적으로 이루어지므로 실무상 쉽지 않으며, 2018. 1. 7.부터 시행 중인 형법 제62조 제1항에 의하면 500만원 이하의 벌금형에 대하여만 집행유예가 가능하므로 고액의 벌금형에 대한 집행유예도 사실상 기대하기 어렵다(이 사건 법률조항이 적용되는 사안에서 집행유예가 가능한 500만원 이하의 벌금형이 되기 위해서는 판매한 식품 등의 소매가격이 50만원 이상 125만원 이하여야 한다)"고 합니다.

따라서 "결국 벌금형에 대한 작량감경, 선고유예가 가능하다는 사정만으로는 개별 사건의 특수성이나 다양한 양형요소를 모두 고려하여 적정한 양형을 하는 것에 한계가 있다"는 것입니다. 마지막으로 "공범에 대해서는 특히 불합리한 결과가 초래될 수 있어 공범 중에 경제적 이익이 없거나 경미한 경우, 범행가담 정도 등을 고려하지 않은 채 일률적·획일적으로 모든 공범에게 고액의 벌금형을 필요적으로 병과하는 것은 지나치게 과한 형벌이 된다"고 보았습니다.

이번 헌법재판소의 결정에도 불구하고 제조물책임법에 규정된 3배의 범위에 비교해 다소 과한 부분이 있는 등 여전히 법률적 쟁점에 대한 다른 의견이 있을 수 있기 때문에 향후에 다시 헌법소원이 제기될 수도 있다고 생각합니다.

식품표시광고법 처벌 조항 해설 2(제27조)

이번에는 식품표시광고법 제27조에 대해 알아보겠습니다.

조항	내용
제27조 다음 각 호의 어느 하나에 해당하는 자는 5년 이하의 징역 또는 5천만원 이하의 벌금에 처하거나 이를 병과할 수 있다.	1. 제4조제3항을 위반하여 건강기능식품을 판매하거나 판매할 목적으로 제조·가공·소분·수입·포장·보관·진열 또는 운반하거나 영업에 사용한 자
	2. 제8조제1항제4호부터 제9호까지의 규정을 위반하여 표시 또는 광고를 한 자
	3. 제15조제1항에 따른 회수 또는 회수하는 데에 필요한 조치를 하지 아니한 자
	4. 제15조제3항에 따른 명령을 위반한 자
	5. 「건강기능식품에 관한 법률」 제5조제1항에 따라 영업허가를 받은 자로서 제16조제1항에 따른 영업정지 명령을 위반하여 계속 영업한 자
	6. 「건강기능식품에 관한 법률」 제6조제2항에 따라 영업신고를 한 자로서 제16조제3항에 따른 영업정지 명령을 위반하여 계속 영업한 자
	7. 「식품위생법」 제37조제1항에 따라 영업허가를 받은 자로서 제16조제1항에 따른 영업정지 명령을 위반하여 계속 영업한 자

상기 표와 같이 제27조는 7개의 호로 구성되어 있는데, 이를 위반할 경우 공통적으로 5년 이하의 징역 또는 5000만원 이하의 벌금에 처하거나 이를 병과할 수 있다고 규정하고 있습니다.

개별 호에 적용되는 법령은 아래와 같습니다.

규정	해당 조항 내용
제27조 제1호	제4조(표시의 기준) ③ 제1항에 따른 표시가 없거나 제2항에 따른 표시방법을 위반한 식품등은 판매하거나 판매할 목적으로 제조·가공·소분[(小分): 완제품을 나누어 유통을 목적으로 재포장하는 것을 말한다. 이하 같다]·수입·포장·보관·진열 또는 운반하거나 영업에 사용해서는 아니 된다.
제27조 제2호	제8조(부당한 표시 또는 광고행위의 금지) ① 누구든지 식품등의 명칭·제조방법·성분 등 대통령령으로 정하는 사항에 관하여 다음 각 호의 어느 하나에 해당하는 표시 또는 광고를 하여서는 아니 된다. 4. 거짓·과장된 표시 또는 광고 5. 소비자를 기만하는 표시 또는 광고 6. 다른 업체나 다른 업체의 제품을 비방하는 표시 또는 광고 7. 객관적인 근거 없이 자기 또는 자기의 식품등을 다른 영업자나 다른 영업자의 식품등과 부당하게 비교하는 표시 또는 광고 8. 사행심을 조장하거나 음란한 표현을 사용하여 공중도덕이나 사회윤리를 현저하게 침해하는 표시 또는 광고 9. 제10조제1항에 따라 심의를 받지 아니하거나 같은 조 제4항을 위반하여 심의 결과에 따르지 아니한 표시 또는 광고
제27조 제3호	제15조(위해 식품등의 회수 및 폐기처분 등) ① 판매의 목적으로 식품등을 제조·가공·소분 또는 수입하거나 식품등을 판매한 영업자는 해당 식품등이 제4조제3항 또는 제8조제1항을 위반한 사실(식품등의 위해와 관련이 없는 위반사항은 제외한다)을 알게 된 경우에는 지체 없이 유통 중인 해당 식품등을 회수하거나 회수하는 데에 필요한 조치를 하여야 한다.
제27조 제4호	제15조(위해 식품등의 회수 및 폐기처분 등) ③ 식품의약품안전처장, 시·도지사 또는 시장·군수·구청장은 영업자가 제4조제3항 또는 제8조제1항을 위반한 경우에는 관계 공무원에게 그 식품등을 압류 또는 폐기하게 하거나 용도·처리방법 등을 정하여 영업자에게 위해를 없애는 조치를 할 것을 명하여야 한다.
제27조 제5호 (건강기능식품 제조영업자)	제16조(영업정지 등) ① 식품의약품안전처장, 시·도지사 또는 시장·군수·구청장은 영업자 중 허가를 받거나 등록을 한 영업자가 다음 각 호의 어느 하나에 해당하는 경우에는 6개월 이내의 기간을 정하여 그 영업의 전부 또는 일부를 정지하거나 영업허가 또는 등록을 취소할 수 있다. 1. 제4조제3항, 제5조제3항 또는 제6조제3항을 위반하여 식품등을 판매하거나 판매할 목적으로 제조·가공·소분·수입·포장·보관·진열 또는 운반하거나 영업에 사용한 경우 2. 제8조제1항을 위반하여 표시 또는 광고를 한 경우 3. 제14조에 따른 명령을 위반한 경우

제27조 제6호 (건강기능식품 판매영업자)	제16조(영업정지 등) ③ 특별자치시장·특별자치도지사·시장·군수·구청장은 영업자 중 영업신고를 한 영업자가 다음 각 호의 어느 하나에 해당하는 경우에는 6개월 이내의 기간을 정하여 그 영업의 전부 또는 일부를 정지하거나 영업소 폐쇄를 명할 수 있다. 1. 제4조제3항, 제5조제3항 또는 제6조제3항을 위반하여 식품등을 판매하거나 판매할 목적으로 제조·가공·소분·수입·포장·보관·진열 또는 운반하거나 영업에 사용한 경우 2. 제8조제1항을 위반하여 표시 또는 광고를 한 경우 3. 제14조에 따른 명령을 위반한 경우 4. 제15조제1항을 위반하여 회수 또는 회수하는 데에 필요한 조치를 하지 아니한 경우 5. 제15조제2항을 위반하여 회수계획 보고를 하지 아니하거나 거짓으로 보고한 경우 6. 제15조제3항에 따른 명령을 위반한 경우
제27조 제7호 (식품조사처리업, 단란주점 및 유흥주점영업자)	제16조(영업정지 등) ① 식품의약품안전처장, 시·도지사 또는 시장·군수·구청장은 영업자 중 허가를 받거나 등록을 한 영업자가 다음 각 호의 어느 하나에 해당하는 경우에는 6개월 이내의 기간을 정하여 그 영업의 전부 또는 일부를 정지하거나 영업허가 또는 등록을 취소할 수 있다. 1. 제4조제3항, 제5조제3항 또는 제6조제3항을 위반하여 식품등을 판매하거나 판매할 목적으로 제조·가공·소분·수입·포장·보관·진열 또는 운반하거나 영업에 사용한 경우 2. 제8조제1항을 위반하여 표시 또는 광고를 한 경우 3. 제14조에 따른 명령을 위반한 경우 4. 제15조제1항을 위반하여 회수 또는 회수하는 데에 필요한 조치를 하지 아니한 경우 5. 제15조제2항을 위반하여 회수계획 보고를 하지 아니하거나 거짓으로 보고한 경우 6. 제15조제3항에 따른 명령을 위반한 경우

식품표시광고법 제27조는 제26조보다 형량이 낮고, 표시기준을 위반했거나 소비자에게 의약품이나 치료행위에 대한 광고는 아니지만 사실과 다르거나 통상적인 오인·혼돈의 여지가 있는 등의 광고를 한 자는 처벌하면서 회수나 영업정지 등의 행정명령을 제대로 이행하지 않은 영업자를 처벌하기 위한 조항입니다.

회수명령이나 영업정지는 모두 행정처분으로 법원을 통해 다툼의 여지없이 처분성이 인정되고 있습니다. 유통 중인 제품에 대해 식품표시광고법 제4조 제3항(표시기준 위반)이나 제8조 제1항(부당한 표시 또는 광고행위)을 위반한 경우 영업자는 즉시 해당 제품을 회수 내지 회수하는 데 필요한 조치를 해야 합니다.

그리고 마지막으로 이와 같은 영업정지 명령을 이행하지 않는 영업자에게는 행정처분으로 제재를 가할 수도 있지만 식품표시광고법 제27조 제5호 내지 제7호에 해당되는 영업자에게는 상기와 같이 형사 처벌도 가능하도록 규정하고 있습니다.

다음으로 제27조를 위반한 경우 행정처분에 대한 사항입니다. 구체적인 행정처분기준은 식품표시광고법 시행규칙 제16조 [별표 7]에 규정되어 있으며, 아래와 같습니다(다만, 건강기능식품 판매영업자는 제외하고, 식품표시광고법 제28조 행정처분 기준에서 참조하면 됩니다).

위반사항	근거 법조문	행정처분 기준		
		1차 위반	2차 위반	3차 위반
4) 제조연월일, 산란일 또는 유통기한 표시기준을 위반한 경우로서				
가) 제조연월일, 산란일 또는 유통기한을 표시하지 않거나 표시하지 않은 식품 등을 영업에 사용한 경우(제조연월일, 산란일, 유통기한 표시 대상 식품등만 해당한다)		품목 제조정지 15일과 해당 제품 폐기	품목 제조정지 1개월과 해당 제품 폐기	품목 제조정지 2개월과 해당 제품 폐기
나) 유통기한을 품목제조보고한 기한보다 초과하여 표시한 경우		영업정지 7일과 해당제품폐기	영업정지 15일과 해당제품폐기	영업정지 1개월과 해당제품폐기
다) 제조연월일, 산란일 표시기준을 위반하여 유통기한을 연장한 경우		영업정지 1개월과 해당제품폐기	영업정지 2개월과 해당제품폐기	영업정지 3개월과 해당제품폐기
라) 제품에 표시된 제조연월일, 산란일 또는 유통기한을 변조한 경우(가공 없이 포장만을 다시 하여 변조 표시한 경우를 포함한다)		영업허가·등록 취소 또는 영업소 폐쇄와 해당 제품 폐기		
5) 원재료명·성분 표시기준을 위반한 경우로서				
가) 사용한 원재료의 전부를 표시하지 않은 경우		품목 제조정지 15일	품목 제조정지 1개월	품목 제조정지 2개월
나) 사용한 원재료의 일부를 표시하지 않은 경우		시정명령	품목 제조정지 15일	품목 제조정지 1개월

다) 소비자 안전을 위한 주의사항 중 알레르기 유발물질 표시 대상을 별도 알레르기 표시란에 표시하지 않은 경우	품목 제조정지 15일과 해당 제품 폐기	품목 제조정지 1개월과 해당 제품 폐기	품목 제조정지 2개월과 해당 제품 폐기
라) 식품등의 기준 및 규격에 따라 명칭과 용도를 함께 표시해야 하는 감미료, 착색료, 보존료, 산화방지제를 표시하지 않은 경우	시정명령	품목 제조정지 7일	품목 제조정지 15일
6) 식품 또는 식품첨가물을 소분할 때 원제품에 표시된 제조연월일 또는 유통기한을 초과하여 표시하는 등 원표시사항을 변경한 경우	영업정지 1개월과 해당 제품 폐기	영업정지 2개월과 해당 제품 폐기	영업정지 3개월과 해당 제품 폐기
7) 내용량을 표시할 때 부족량이 허용오차를 위반한 경우[8)에 해당하는 경우는 제외한다]로서			
가) 표시 내용량이 20퍼센트 이상 부족한 것	품목 제조정지 2개월	품목 제조정지 3개월	품목류 제조정지 3개월
나) 표시 내용량이 10퍼센트 이상 20퍼센트 미만 부족한 것	품목 제조정지 1개월	품목 제조정지 2개월	품목 제조정지 3개월
다) 표시 내용량이 10퍼센트 미만 부족한 것	시정명령	품목 제조정지 15일	품목 제조정지 1개월
8) 다음의 어느 하나에 해당하는 경우로서 식품을 변조된 중량으로 판매하거나 판매할 목적으로 제조·가공·저장·운반 또는 진열 등 영업에 사용한 경우 가) 식품에 납·얼음·한천·물 등 이물을 혼입시킨 경우 나) 냉동수산물의 내용량이 부족량 허용오차를 위반하면서 냉동수산물에 얼음막을 내용량의 20퍼센트를 초과하도록 생성시킨 경우	영업허가·등록 취소 또는 영업소 폐쇄와 해당 제품 폐기		
9) 조사처리식품·축산물의 표시기준을 위반한 경우로서			
가) 조사처리된 식품·축산물을 표시하지 않은 경우	품목 제조정지 15일	품목 제조정지 1개월	품목 제조정지 2개월
나) 조사처리식품·축산물을 표시할 때 기준을 위반하여 표시한 경우	시정명령	품목 제조정지 15일	품목 제조정지 1개월

나. 법 제5조제3항 및 제6조제3항을 위반한 경우(법 제31조에 따른 과태료 부과 대상에 해당하는 위반사항은 제외한다)	법 제14조 및 제16조		
1) 영양성분 표시기준을 위반한 경우	시정명령	영업정지 5일	영업정지 10일
2) 나트륨 함량 비교 표시(전자적 표시를 포함한다)를 하지 않거나 비교 표시 기준 및 방법을 지키지 않은 경우	시정명령	영업정지 5일	영업정지 10일
4) 거짓·과장된 표시 또는 광고, 소비자를 기만하는 표시 또는 광고, 다른 업체나 다른 업체의 제품을 비방하는 표시 또는 광고, 객관적인 근거 없이 자기 또는 자기의 식품등을 다른 영업자나 다른 영업자의 식품등과 부당하게 비교하는 표시 또는 광고, 사행심을 조장하거나 음란한 표현을 사용하여 공중도덕이나 사회윤리를 현저하게 침해하는 표시 또는 광고로서			
가) 체험기 및 체험사례 등 이와 유사한 내용을 표현하는 표시·광고	품목 제조정지 1개월	품목 제조정지 2개월	품목 제조정지 3개월
나) 제품과 관련이 없거나 사실과 다른 수상(受賞) 또는 상장의 표시·광고를 한 경우	영업정지 7일	영업정지 15일	영업정지 1개월
다) 「식품위생법」 제12조의2제1항 및 「건강기능식품에 관한 법률」 제17조의2에 따른 유전자변형식품등을 유전자변형식품등이 아닌 것으로 표시·광고한 경우	품목 제조정지 1개월	품목 제조정지 2개월	품목 제조정지 3개월
라) 다른 식품·축산물의 유형과 오인·혼동하게 하는 표시·광고를 한 경우	품목 제조정지 15일	품목 제조정지 1개월	품목 제조정지 2개월
마) 사용하지 않은 원재료명 또는 성분명을 표시·광고한 경우	품목 제조정지 1개월	품목 제조정지 2개월	품목 제조정지 3개월
바) 이온수·생명수 또는 약수 등 사용하지 못하도록 한 용어를 사용하여 표시·광고한 경우	영업정지 15일	영업정지 1개월	영업정지 2개월
사) 사용금지된 식품첨가물이 함유되지 않았다는 내용을 강조하기 위해 "첨가물 무" 등으로 표시·광고한 경우	영업정지 15일	영업정지 1개월	영업정지 2개월

아) 사료·물에 첨가한 성분이나 축산물의 제조 시 혼합한 원재료 또는 성분이 가지는 효능·효과를 표시하여 해당 축산물 자체에는 그러한 효능·효과가 없음에도 불구하고 효능·효과가 있는 것처럼 혼동할 우려가 있는 것으로 표시·광고한 경우		영업정지 7일	영업정지 15일	영업정지 1개월
자) 「축산물 위생관리법」 제9조제3항에 따른 안전관리인증작업장·안전관리인증업소 또는 안전관리인증농장으로 인증 받지 않고 해당 명칭을 사용한 경우		영업정지 1개월	영업정지 2개월	영업정지 3개월
차) 법 제4조제1항 및 이 규칙 별표 1 제5호(「축산물 위생관리법 시행령」 제21조제8호에 따른 식육즉석판매가공업만 해당한다) 표시사항 전부 또는 일부를 거짓으로 표시한 경우		영업정지 7일	영업정지 15일	영업정지 1개월
카) 그 밖에 가)부터 차)까지를 제외한 부당한 표시·광고를 한 경우		시정명령	품목 제조정지 15일	품목 제조정지 1개월
5) 표시·광고 심의 대상 중 심의를 받지 않거나 심의 결과에 따르지 않은 표시 또는 광고		품목 제조정지 15일	품목 제조정지 1개월	품목 제조정지 2개월
사. 법 제15조제1항 및 제2항을 위반한 경우	법 제16조			
1) 회수조치를 하지 않은 경우		영업정지 2개월	영업정지 3개월	영업허가·등록 취소 또는 영업소 폐쇄
2) 회수계획을 보고하지 않거나 거짓으로 보고한 경우		영업정지 1개월	영업정지 2개월	영업정지 3개월
아. 법 제15조제3항을 위반한 경우	법 제15조 및 제16조			
1) 회수하지 않고도 회수한 것으로 속인 경우		영업허가·등록 취소 또는 영업소 폐쇄와 해당 제품 폐기		
2) 그 밖에 회수명령을 받고 회수하지 않은 경우		영업정지 1개월	영업정지 2개월	영업정지 3개월

자. 영업정지 처분 기간 중에 영업을 한 경우	법 제16조	영업허가·등록 취소 또는 영업소 폐쇄	

상기와 같이 시정명령부터 영업등록 취소 또는 영업소 폐쇄까지 다양한 행정처분이 가능하므로 영업자라면 본인이 위반한 조항이 무엇인지 명확하게 이해하고 대응할 필요가 있습니다.

5 ..... 식품표시광고법 처벌 조항 해설 3(제28조 및 제29조)

이번에는 식품표시광고법 제28조와 제29조에 대해 알아보겠습니다. 우선 제28조입니다. 제27조와 유사하게 표시위반과 영업정지 등 행정처분 명령을 제대로 이행하지 않은 경우이지만 차이가 있다면 처벌이 제27조에 비해 비교적 낮은 3년 이하의 징역 또는 3000만원 이하의 벌금에 처하며 병과되지 않는다는 것입니다.

조항	내용
제28조(벌칙) 다음 각 호의 어느 하나에 해당하는 자는 3년 이하의 징역 또는 3천만원 이하의 벌금에 처한다.	1. 제4조제3항을 위반하여 식품등(건강기능식품은 제외한다)을 판매하거나 판매할 목적으로 제조·가공·소분·수입·포장·보관·진열 또는 운반하거나 영업에 사용한 자
	2. 제17조제1항에 따른 품목 또는 품목류 제조정지 명령을 위반한 자
	3. 「수입식품안전관리 특별법」 제15조제1항에 따라 영업등록을 한 자로서 제16조제1항에 따른 영업정지 명령을 위반하여 계속 영업한 자
	4. 「식품위생법」 제37조제4항에 따라 영업신고를 한 자로서 제16조제3항 또는 제4항에 따른 영업정지 명령 또는 영업소 폐쇄명령을 위반하여 계속 영업한 자
	5. 「식품위생법」 제37조제5항에 따라 영업등록을 한 자로서 제16조제1항에 따른 영업정지 명령을 위반하여 계속 영업한 자
	6. 「축산물 위생관리법」 제22조제1항에 따라 영업허가를 받은 자로서 제16조제1항에 따른 영업정지 명령을 위반하여 계속 영업한 자
	7. 「축산물 위생관리법」 제24조제1항에 따라 영업신고를 한 자로서 제16조제3항 또는 제4항에 따른 영업정지 명령 또는 영업소 폐쇄명령을 위반하여 계속 영업한 자

상기 표를 보면 제28조는 제27조와 유사하며, 특히 제28조 제1호의 경우 제27조 제1호가 건강기능식품에 대한 내용인 것과 달리 건강기능식품을 제외한 식품, 식품첨가물, 기구

및 용기포장에 관한 것임을 알 수 있습니다. 이에 대해 건강기능식품관련 영업자들은 동일한 조항을 위반해도 처벌 조항이 과도하다는 불만을 제기하고 있으나, 과거 가짜 백수오 사건 이래 건강기능식품에 대한 관리감독 강화 방침에 따른 것으로 대신 식품의약품안전처로부터 일반식품과 달리 다양한 기능성에 대한 표시나 광고가 가능하다는 유리한 점이 있다는 것을 인정해야 합니다. 즉 이익을 많이 누릴수록 책임도 커진다는 의미라고 해석하면 됩니다.

우선 개별 호에 적용되는 법령은 아래와 같습니다.

규정	해당 조항 내용
제28조 제1호	제4조(표시의 기준) ③ 제1항에 따른 표시가 없거나 제2항에 따른 표시방법을 위반한 식품등은 판매하거나 판매할 목적으로 제조·가공·소분[(小分): 완제품을 나누어 유통을 목적으로 재포장하는 것을 말한다. 이하 같다]·수입·포장·보관·진열 또는 운반하거나 영업에 사용해서는 아니 된다.
제28조 제2호	제17조(품목 등의 제조정지) ① 식품의약품안전처장, 시·도지사 또는 시장·군수·구청장은 영업자가 다음 각 호의 어느 하나에 해당하면 식품등의 품목 또는 품목류(「식품위생법」 제7조·제9조 또는 「건강기능식품에 관한 법률」 제14조에 따라 정해진 기준 및 규격 중 동일한 기준 및 규격을 적용받아 제조·가공되는 모든 품목을 말한다. 이하 같다)에 대하여 기간을 정하여 6개월 이내의 제조정지를 명할 수 있다. 1. 제4조제3항을 위반하여 식품등을 판매하거나 판매할 목적으로 제조·가공·소분·수입·포장·보관·진열 또는 운반하거나 영업에 사용한 경우 2. 제8조제1항을 위반하여 표시 또는 광고를 한 경우
제28조 제3호 (수입식품등 수입·판매업(수입식품등을 수입하여 판매하는 영업을 말한다), 수입식품등 신고 대행업, 수입식품등 인터넷 구매 대행업, 수입식품등 보관업)	제16조(영업정지 등) ① 식품의약품안전처장, 시·도지사 또는 시장·군수·구청장은 영업자 중 허가를 받거나 등록을 한 영업자가 다음 각 호의 어느 하나에 해당하는 경우에는 6개월 이내의 기간을 정하여 그 영업의 전부 또는 일부를 정지하거나 영업허가 또는 등록을 취소할 수 있다. 1. 제4조제3항, 제5조제3항 또는 제6조제3항을 위반하여 식품등을 판매하거나 판매할 목적으로 제조·가공·소분·수입·포장·보관·진열 또는 운반하거나 영업에 사용한 경우 2. 제8조제1항을 위반하여 표시 또는 광고를 한 경우 3. 제14조에 따른 명령을 위반한 경우 4. 제15조제1항을 위반하여 회수 또는 회수하는 데에 필요한 조치를 하지 아니한 경우 5. 제15조제2항을 위반하여 회수계획 보고를 하지 아니하거나 거짓으로 보고한 경우 6. 제15조제3항에 따른 명령을 위반한 경우

제28조 제4호, 제7호 (즉석판매제조·가공업, 식품운반업, 식품소분판매업, 식품냉동냉장업, 용기포장류제조업, 휴게음식점영업, 일반음식점영업, 위탁급식영업, 제과점영업, 축산물운반업, 축산물판매업, 식육즉석판매가공업 등)	제16조(영업정지 등) ③ 특별자치시장·특별자치도지사·시장·군수·구청장은 영업자 중 영업신고를 한 영업자가 다음 각 호의 어느 하나에 해당하는 경우에는 6개월 이내의 기간을 정하여 그 영업의 전부 또는 일부를 정지하거나 영업소 폐쇄를 명할 수 있다. 1. 제4조제3항, 제5조제3항 또는 제6조제3항을 위반하여 식품등을 판매하거나 판매할 목적으로 제조·가공·소분·수입·포장·보관·진열 또는 운반하거나 영업에 사용한 경우 2. 제8조제1항을 위반하여 표시 또는 광고를 한 경우 3. 제14조에 따른 명령을 위반한 경우 4. 제15조제1항을 위반하여 회수 또는 회수하는 데에 필요한 조치를 하지 아니한 경우 5. 제15조제2항을 위반하여 회수계획 보고를 하지 아니하거나 거짓으로 보고한 경우 6. 제15조제3항에 따른 명령을 위반한 경우 ④ 특별자치시장·특별자치도지사·시장·군수·구청장은 영업자 중 영업신고를 한 영업자가 제3항에 따른 영업정지 명령을 위반하여 영업을 계속하면 영업소 폐쇄를 명할 수 있다.
제28조 제5호, 제6호 (식품제조·가공업, 식품첨가물제조업), (도축업·집유업·축산물가공업 또는 식용란선별포장업)	제16조(영업정지 등) ① 식품의약품안전처장, 시·도지사 또는 시장·군수·구청장은 영업자 중 허가를 받거나 등록을 한 영업자가 다음 각 호의 어느 하나에 해당하는 경우에는 6개월 이내의 기간을 정하여 그 영업의 전부 또는 일부를 정지하거나 영업허가 또는 등록을 취소할 수 있다. 1. 제4조제3항, 제5조제3항 또는 제6조제3항을 위반하여 식품등을 판매하거나 판매할 목적으로 제조·가공·소분·수입·포장·보관·진열 또는 운반하거나 영업에 사용한 경우 2. 제8조제1항을 위반하여 표시 또는 광고를 한 경우 3. 제14조에 따른 명령을 위반한 경우 4. 제15조제1항을 위반하여 회수 또는 회수하는 데에 필요한 조치를 하지 아니한 경우 5. 제15조제2항을 위반하여 회수계획 보고를 하지 아니하거나 거짓으로 보고한 경우 6. 제15조제3항에 따른 명령을 위반한 경우
제28조 제6호 (건강기능식품 판매영업자)	제16조(영업정지 등) ① 식품의약품안전처장, 시·도지사 또는 시장·군수·구청장은 영업자 중 허가를 받거나 등록을 한 영업자가 다음 각 호의 어느 하나에 해당하는 경우에는 6개월 이내의 기간을 정하여 그 영업의 전부 또는 일부를 정지하거나 영업허가 또는 등록을 취소할 수 있다. 1. 제4조제3항, 제5조제3항 또는 제6조제3항을 위반하여 식품등을 판매하거나 판매할 목적으로 제조·가공·소분·수입·포장·보관·진열 또는 운반하거나 영업에 사용한 경우 2. 제8조제1항을 위반하여 표시 또는 광고를 한 경우 3. 제14조에 따른 명령을 위반한 경우 4. 제15조제1항을 위반하여 회수 또는 회수하는 데에 필요한 조치를 하지 아니한 경우 5. 제15조제2항을 위반하여 회수계획 보고를 하지 아니하거나 거짓으로 보고한 경우 6. 제15조제3항에 따른 명령을 위반한 경우

제28조 제7호 (식품조사처리업, 단란주점 및 유흥주점영업자)	제16조(영업정지 등) ③ 특별자치시장·특별자치도지사·시장·군수·구청장은 영업자 중 영업신고를 한 영업자가 다음 각 호의 어느 하나에 해당하는 경우에는 6개월 이내의 기간을 정하여 그 영업의 전부 또는 일부를 정지하거나 영업소 폐쇄를 명할 수 있다. 1. 제4조제3항, 제5조제3항 또는 제6조제3항을 위반하여 식품등을 판매하거나 판매할 목적으로 제조·가공·소분·수입·포장·보관·진열 또는 운반하거나 영업에 사용한 경우 2. 제8조제1항을 위반하여 표시 또는 광고를 한 경우 3. 제14조에 따른 명령을 위반한 경우 4. 제15조제1항을 위반하여 회수 또는 회수하는 데에 필요한 조치를 하지 아니한 경우 5. 제15조제2항을 위반하여 회수계획 보고를 하지 아니하거나 거짓으로 보고한 경우 6. 제15조제3항에 따른 명령을 위반한 경우

다음으로 제28조를 위반한 경우 행정처분에 대한 사항입니다. 구체적인 행정처분기준은 식품표시광고법 시행규칙 제16조 [별표 7]에 규정되어 있으며, 구체적인 내용은 이 책 [첨부 1] 행정처분 기준을 참고하시면 됩니다.

그리고 벌칙조항 중 마지막에 규정된 제29조입니다.

제29조(벌칙) 다음 각 호의 어느 하나에 해당하는 자는 1년 이하의 징역 또는 1천만원 이하의 벌금에 처한다. 다만, 제1호의 경우 징역과 벌금을 병과할 수 있다.
1. 제9조제4항에 따른 중지명령을 위반하여 계속하여 표시 또는 광고를 한 자
2. 제15조제2항에 따른 회수계획 보고를 하지 아니하거나 거짓으로 보고한 자

제29조는 표시광고 실증제도에 따른 식품의약품안전처장의 일시 중지명령을 위반한 경우와 회수계획서 미제출 내지 허위보고를 처벌하기 위함입니다. 그리고 제28조와 달리 제1호에 대해서는 병과조항을 적용할 수 있는데 사실 병과조항 적용 기준이 무엇인지 명확하지 않으나, 소비자에게 오인·혼돈을 준 상황이 지속되는 것에 대한 위법성을 더 엄중하게 처벌하는 것으로 풀이됩니다.

6 ····· 식품표시광고 형사사건 수사절차

2019. 3. 14. 「식품 등의 표시·광고에 관한 법률」이 시행되기 전부터 전문가를 비롯해 다양한 분야에서 매우 큰 기대를 했던 것이 사실이고, 일반식품에 대한 기능성표시까지 시행되고 있어 단순 기대만은 아닌 것이 현실입니다. 하지만 일단 시행되고 나자 다양한 문제점이 발생했고, 일단 형사사건의 핵심인 초동수사기관으로 식품의약품안전처가 포함되지 않았다는 점입니다.

현재 「식품 등의 표시·광고에 관한 법률」을 위반한 경우 식품의약품안전처 위해사범중앙조사단에서 직접 수사를 할 수가 없는 현실이 매우 안타깝고 이해가 가지 않습니다. 위해사범중앙조사단 소속 수사관들은 사법경찰관리의 직무를 수행할 자와 그 직무범위에 관한 법률에 따라 특별사법경찰관리로 지정되었고, 「사법경찰관리의 직무를 수행할 자와 그 직무범위에 관한 법률」 제6조 제6호와 제7호에서 위해사범중앙조사단에서 수사할 수 있는 법령들을 나열하고 있는데, 여기에 「식품 등의 표시·광고에 관한 법률」과 「위생용품관리법」이 포함되어 있지 않아서 현재 두 법령 위반을 식품의약품안전처가 인지하고서도 이를 직접 수사하지 못하고, 전문성이 전혀 없는 경찰에 고발 조치를 해야 하는 실정입니다.

통상 민원제기나 지방자치단체 고발 등으로 식품의약품안전처 식품안전정책국 식품안전관리과 소속 총괄대응팀T/F 소속 직원들이 선행 조사를 통해 확인서를 징구하거나 위반사항을 우선적으로 확인하고, 관할 행정기관에 의뢰하거나 직접 고발 조치를 취하는 경우가 많습니다. 이 경우 영업자들은 식품의약품안전처, 지방자치단체, 경찰 등 다양한 행정기관의 담당자와 접촉해야 되며, 기관마다 다른 절차가 진행되기 때문에 혼란을 겪을 수도 있습니다. 일단 현행 법령에서는 원산지를 제외한 모든 표시 및 광고에 대한 위반행위는 경찰에서 취급할 수밖에 없습니다. 그러므로 다른 기관은 단순한 행정기관으로 형사 절차를 위해서 고발하는 수준밖에 할 수가 없다는 점을 알아야만 하고, 실질적인 수사는 경찰에서 진행합니다.

그리고 경찰에서 초동수사를 마친 사건은 관할 검찰청에 송치되어 식품, 보건 담당 검사에게 배정됩니다. 최근에는 민원인의 편의를 위해 사건 송치 시 문자메시지를 통해 형사사법포털에서 내 사건의 진행내역을 확인할 수 있다는 내용을 알려주고 있고, 담당 검사 및 사건번호를 통지받습니다.

대략적으로 90% 이상이 약식명령으로 재판으로 정식 기소되지 않고 단순히 벌금 납부로 종결됩니다. 그러나 사건으로 인한 매출규모나 동종 범죄경력 등을 고려하여 약식기소되지 않고, 정식으로 재판이 진행될 수도 있기 때문에 수사단계부터 전문변호사를 선임해서 사건에 대해 적극적으로 대응할 필요가 크고, 결과적으로 대응을 제대로 할 경우 약식기소로 종결되든지 정식 기소되어 재판이 진행되든지 최종 선고에 도움이 될 것입니다.

이후 법원에서는 3심제에 따라 진행되는데, 일단 1심 진행이 가장 중요하므로 가볍게 생각하지 말고 재판부를 설득하여 무죄 입증을 하거나 양형에 유리한 정상 등을 적극적으로 입증해야 합니다. 변호사 선임의 경우 일반적으로 수사단계와 재판단계를 구분해서 하거나 통합하여 할 수 있으나 재판의 경우 심급별로 계약을 진행하기 때문에 3심까지 갈 경우 세 번의 계약이 필요하고, 대법원 전원합의체 결정에 따라 형사 사건에서는 성공보수를 지급할 필요가 없습니다. 성공보수 요청 금지로 인해 최근에는 형사 사건 변호사 보수를 시간당 보수로 계약하는 사례도 증가하고 있다고 하니 자세한 내용은 여러 곳의 법률사

무소를 방문하여 변호사와 직접 상담하면서 스스로에게 가장 적합한 변호사를 찾는 것이 중요한데, 비용과 더불어 전문성과 유사 사건 처리 경험 등도 꼼꼼하게 따져야 합니다. 부정·불량식품에 대해서는 재판부에서 매우 질이 나쁜 범죄 행위로 보고 있기 때문에 소송 진행에 매우 전문적인 경험을 통해 미묘하고 세심한 대응이 필요하고, 지금까지 100여 건 이상의 식품 소송을 진행하면서 느낀 경험으로 볼 때 영업자들도 반드시 이 점을 숙지하고 재판에 대비해야 하며, 간혹 판사의 출신 학교나 고향을 따지는 사람들이 있는데, 이보다 재판부의 성향을 파악하는 것이 더 중요합니다.

형사 사건에서 또 하나 중요한 것은 담당자가 피의자가 되더라도 법인은 양벌규정의 단서조항을 통해 구제받을 수 있다는 점입니다. 이때 관리·감독의 여부에 따라 무혐의 처분을 받는 사례가 많기 때문에 전문변호사와 상담을 통해 법인의 무혐의 내지 무죄를 밝히는 데 심혈을 기울여야 합니다. 실제 사건 중에서 작업자의 실수로 유통기한이 1일에서 3일 정도 초과한 제품을 제조 및 판매했다가 식품의약품안전처에서 수사를 받은 사건이 있었는데 해당 작업자는 아무런 처벌도 받지 않았고, 담당 팀장이 기소유예 처분을 받았고, 법인에 대해서는 무혐의 처분으로 종결된 사례가 있었으며 이외에도 다수의 법인이 무혐의 처분을 받았습니다.

식품 사건은 살아 있는 생물과 같아서 행정사건과 함께 진행되는 형사 사건이 우선 진행될 가능성이 크기 때문에 형사 사건을 소홀히 해서는 절대로 안 되며, 반드시 경험 많은 전문가의 도움을 받아야 합니다.

7 ····· 식품표시광고 행정사건 조사절차

식품 사건이 발생하면 영업자는 사실 형사 처벌보다 행정처분을 더 걱정하는 것이 현실입니다. 실제로 연간 15,000건에 달하는 식품 사건이 발생하는 것으로 알려져 있지만 그중 1%에 불과한 사건만 정식재판에 회부됩니다. 혐의가 있는 것으로 판단되는 사건의 대다수가 약식기소로 결정되어 벌금형으로 종결되고, 1%에 해당되는 기소사건도 과반수가 벌금형이거나 집행유예 선고로 인해 실형을 받는 경우는 연간 10~20건에 불과할 것으로 추정되고, 구속 역시 매우 희박하기 때문에 정상적인 영업을 하는 사람이라면 크게 걱정할 필요가 없습니다. 그런데 행정처분은 다릅니다. 일단 고의성을 전제로 처벌하는 형사 사건과 달리 행정처분은 직원이나 영업자 자신의 과실에 대해서도 가해지기 때문에 피해가는 것이 매우 어렵습니다. 대다수가 영업정지나 품목류제조정지 등으로 회사 경영에 매우 치명적인 피해가 발생하고, 과징금으로 전환되지 않는 것이 많아서 절체절명의 위기에 처하게 될 수 있습니다.

우선 식품의약품안전처나 지방자치단체에 근무하는 식품위생감시공무원이 법령 위반 사실을 확인하면 일반적으로 잘못을 인정하는 확인서를 징구하고, 이에 서명을 하게 되면 행정절차법에 따라 예정된 처분을 사전에 고지하는 사전처분통지서가 발송되고 정해진 기한 내에 영업자가 사전 통지된 처분에 대한 의견을 제출하거나 청문 개최를 요청할 수 있습니다.

다만 이때 모든 것을 인정할 경우에는 감경 등을 요청하는 수준에서 비교적 평탄하게 내용을 작성해도 되지만 부인하고 소송까지 고려할 경우에는 대응이 완전히 달라져야만 합니다. 특히 확인서 서명을 거부해야 하고, 의견 제출이나 청문과정을 통해 보다 적극적으로 자신의 주장을 다양한 사례와 유사 판결 등을 가지고 행정기관에 제시해야 합니다.

그리고 행정심판을 먼저 진행할지 아니면 행정심판은 생략하고 바로 행정소송을 진행할지도 전문가와 상담하여 결정해야 합니다. 각 절차의 장단점이 달라 사건의 성격에 따라 접근 방식을 다르게 해야 하기 때문에 일괄적으로 어떤 것이 좋다고 할 수 없습니다. 일반 사건을 담당하는 변호사를 찾으면 행정소송을 제안하는 경우가 많겠지만 사안에 따라 행정심판을 통해 관할 행정기관과의 관계 등을 고려하여 결정하는 경우도 많습니다.

행정소송이나 행정심판에서 실제 사건만큼 중요한 것이 또 있는데, 바로 집행정지 또는 효력정지 신청입니다. 일단 행정기관으로부터 행정처분 명령서를 받으면 행정처분이 시작되는 일자가 있는데, 행정심판이나 행정소송이 진행될 경우 수개월 이상이 소요될 예정이라 집행정지 신청을 해서 반드시 인용 결정을 받는 것이 중요합니다. 다만 일각에서 집행정지는 무조건 나오는 것으로 잘못 알고 있는데 다른 행정사건에 비해서 식품 사건의 경우 국민의 건강과 직결되는 문제가 있어서 그렇게 쉽게 결정을 받는 것은 아닙니다.

8 ····· 식품표시광고법 행정처분 기준 해설

식품표시광고법 시행규칙 제16조는 [별표 기을 통해 행정처분 기준을 제시하고 있습니다. 그리고 먼저 일반 기준에 대해 15개 항목을 통해 설명하고 있습니다. 관련 내용은 이미 식품위생법이나 축산물위생관리법 및 건강기능식품에 관한 법률에 규정된 행정처분 기준에 명시된 내용과 크게 다르지 않습니다.

제1호와 제2호는 두 개 이상의 위반 행위가 한꺼번에 적발된 경우 단순히 두 개의 처분 기준을 합산하는 것이 아니라 우선 무거운 정지처분 기간을 기준으로 하되 그 무거운 기준의 절반을 넘지 않도록 하고 있으며, 영업정지가 아닌 경미한 처분인 품목제조정지 또는 품목류제조정지의 경우에 대해 설명하고 있습니다. 실제로 과거 식품위생법 등의 개별 법령에 표시와 광고 부분이 함께 규정되어 있을 때에는 기준 및 규격에 대한 위반이나 영업자 준수사항 위반과 표시 또는 광고 위반행위가 함께 적발되는 경우가 많아 이와 같은 규정이 필요했지만 식품표시광고법이 시행되고 나서는 실질적으로 여러 개의 위반 사항이 적발되는 경우는 많지 않을 것으로 예상됩니다.

제3호의 경우 표시·광고에 있어 논란이 될 수 있는 조항으로 부당한 광고를 인쇄매체, 인터넷, 라디오 등 다양한 매체를 통해 광고할 경우 일자마다 위반행위가 다르다고 판단할 수 있다고 규정하고 있으므로 영업자의 주의가 필요합니다.

유통전문판매업 영업자나 제조영업자가 가장 궁금해하는 것은 위반사항에 대해 행정처분과 함께 동시에 진행되는 형사 사건 결과에 따른 행정처분 감경 내지 철회에 대한 사항일 것입니다. 일반기준 제13호에서는 행정처분의 감경 가능 항목에 대해 나열하고 있는데, 특히 마목에서 "해당 위반사항에 관하여 검사로부터 기소유예의 처분을 받거나 법원으로부터 선고유예의 판결을 받은 경우로서 그 위반사항이 고의성이 없거나 국민 보건상 인체의 건강을 해칠 우려가 없다고 인정되는 경우"라고 규정하고 있습니다. 사실 이 조항에 대해 영업자들이나 담당공무원들은 검찰로부터 기소유예 처분을 받거나 재판을 통해 선고유예의 판결을 받으면 무조건 1/2로 행정처분이 감경되는 것으로 알고 있는데 그렇지 않습니다.

해당 조항에서 보듯이 이것은 선행 조건이며 이런 조건이 충족됨과 동시에 고의성이 없거나 국민 보건상 인체의 건강을 해칠 우려가 없다고 인정되어야만 합니다. 그런데 기소유예와 선고유예는 일단 죄가 인정되는 것이라 형사 처벌의 특성상 고의성은 자동으로 존재하는 것으로 간주되기 때문에 실질적으로 불필요한 내용이고 오히려 이 내용보다 국민 보건상 인체의 건강을 해칠 우려가 없다고 인정되는지 여부가 더 중요합니다. 그런데 식품위생법, 축산물위생관리법, 건강기능식품에 관한 법률의 경우 기준 및 규격에 위반되거나 위해물질이 포함될 경우가 있어 이런 내용이 필요하지만 표시 또는 광고로 인해 인체의 건강을 해칠 우려는 과다복용 정도를 제외하고는 많지 않습니다.

그러므로 사실상 식품표시광고법에서는 일단 기소유예나 선고유예를 받으면 자동으로 1/2로 행정처분이 감경된다고 보아도 무방할 것입니다. 실무에서는 수사기관, 특히 검찰에서 무혐의처분을 받은 경우가 가장 난해한 경우라 담당 공무원들조차 어떻게 행정처분을 해야 하는지 문의를 하는 경우가 많습니다.

우선 원칙은 형사 처벌은 고의성을 기반으로 하고, 행정처분은 고의가 없는 과실만으로도 처분이 가능하기 때문에 무혐의처분과 상관없이 행정처분은 진행되는 것이 맞습니다. 그러나 기소유예 처분이나 선고유예의 판결에 대해서도 1/2로 행정처분을 감경할 수 있다는 기준을 고려해 보면 이보다 잘못이 더 가벼워 고의성이 없어 무혐의 처분을 받은 경우는 최소 1/2 감경의 행정처분을 받는 것이 타당합니다. 다만 아예 행정처분을 하지 않는 경우도 간혹 있는데 그런 사건은 사안을 구체적으로 검토해 보아야 가능할 것입니다.

개별 기준에 대해서는 첨부자료 2에 있는 행정처분 기준표를 참조하면 될 것이며, 추가로 한 가지 중요한 것은 식품표시광고법 시행규칙 제17조에 따른 [별표 8] 과징금 부과 제외 대상에 포함될 경우 영업자의 대응 방안입니다. 대법원 판례에서는 시행규칙의 별표는 강제성이 없는 법규명령이 아닌 행정규칙이므로 재량에 따라 행정기관에서 정할 수 있다고 판시하고 있어 [별표 8]의 규정과 달리 식품표시광고법 위반에 따른 어떤 조항이든 과징금 부과가 가능하다고 볼 수 있으나, 실무에서는 이를 그대로 적용하고 있지 않습니다.

그러므로 해당 영업자가 [별표 8]에 해당되는 조항을 위반하여 행정기관에서 과징금 전환을 거부할 경우 전문가와 상의하여 대응할 수밖에 없는 상황입니다.

9 ····· 농수산물의 원산지 표시에 관한 법률 해설

약칭 '원산지표시법'으로 불리는 이 법은 제조업체의 경우 원료를 구매하는 과정에서 속은 경우거나 일부 원산지를 섞어서 사용하다가 적발되는 경우가 많습니다. 이 법령에 대한 단속은 식품의약품안전처가 아니라 농산물품질관리원 혹은 수산물품질관리원이라는 기관에서 담당하며, 특별사법경찰관리로서 경찰과 같은 초동수사를 담당하고, 지역 관할 검찰로 송치합니다.

이 법은 특이하게 제6조의2(과징금)를 통해 2년 이내에 2회 이상 위반한 자에게 그 위반금액의 5배 이하에 해당하는 금액을 과징금으로 부과할 수 있다고 규정하고 있으나, 이 조항을 위반한 경우는 아직까지 보지 못했고, 단발성 사건에 그치는 경우가 많고 고의보다는 과실로 표시를 잘못 적는 경우가 가장 빈번합니다.

이럴 경우 전문 변호사를 선임해서 고의성이 없다는 것을 강력하게 주장하면서 무혐의 처분을 받을 수도 있고, 잘못은 인정하면서 선처를 요청해서 기소유예나 선고유예를 기대할 수 있습니다. 정상적인 업무를 수행하다가 과실로 원산지 표시에 오류가 있었던 경우에도 당황하지 마시고, 입증 자료를 준비해서 피의자신문조서를 작성할 때 혹은 사전에 담당 수사관에게 제출하면 됩니다.

원산지표시법 위반의 경우 매출금액에 따라 초범인 경우 벌금형으로 약식기소로 종결되는 경우가 많습니다. 다만 이 경우에도 농산물품질관리원의 초동수사에 적절하게 대응하고, 관련 자료를 제출하면서 전략이 필요한 경우가 있습니다. 규정된 벌칙조항에 따르면 7년 이하의 징역이나 1억원 이하의 벌금에 처하거나 이를 병과할 수 있고, 죄를 범해 형이 확정된 후 5년 이내에 다시 동일 범죄를 하다 적발된 경우에는 1년 이상 10년 이하의 징역 또는 500만원 이상 1억 5000만원 이하의 벌금에 처하거나 이를 병과할 수 있습니다.

제2장

식품표시 실무를 위한 일반 원칙의 이해

1 ····· 식품표시광고법에 따른 표시 대상 식품

　　　　　식품표시광고법에서는 「식품위생법」에 따른 식품, 「축산물위생관리법」에 따른 축산물 및 「건강기능식품법」에 따른 건강기능식품 모두를 표시 대상으로 정하고 있습니다. 따라서 식품을 제조, 생산하여 유통하고자 하는 모든 개인 또는 기업은 식품표시광고법과 하위 규정인 표시기준 등에 따라 표시할 의무가 있습니다.

〈표시 대상 영업자에 대한 법적 근거〉

식품표시광고법 시행규칙 제4조

제4조(표시의무자) 법 제4조제2항에 따른 표시의무자는 다음 각 호에 해당하는 자로 한다.
　1. 「식품위생법 시행령」 제21조에 따른 영업을 하는 자 중 다음 각 목의 어느 하나에 해당하는 자
　　가. 「식품위생법 시행령」 제21조제1호에 따른 식품제조·가공업을 하는 자(식용얼음의 경우에는 용기·포장에 5킬로그램 이하로 넣거나 싸서 생산하는 자만 해당한다)
　　나. 「식품위생법 시행령」 제21조제2호에 따른 즉석판매제조·가공업을 하는 자
　　다. 「식품위생법 시행령」 제21조제3호에 따른 식품첨가물제조업을 하는 자
　　라. 「식품위생법 시행령」 제21조제5호가목에 따른 식품소분업을 하는 자, 같은 호 나목1)에 따른 식용얼음판매업자(얼음을 용기·포장에 5킬로그램 이하로 넣거나 싸서 유통 또는 판매하는 자만 해당한다) 및 같은 호 나목4)에 따른 집단급식소 식품판매업을 하는 자
　　마. 「식품위생법 시행령」 제21조제7호에 따른 용기·포장류제조업을 하는 자
　2. 「축산물 위생관리법 시행령」 제21조에 따른 영업을 하는 자 중 다음 각 목의 어느 하나에 해당하는 자
　　가. 「축산물 위생관리법 시행령」 제21조제1호에 따른 도축업을 하는 자(닭·오리 식육을 포장하는 자만 해당한다)
　　나. 「축산물 위생관리법 시행령」 제21조제3호에 따른 축산물가공업을 하는 자
　　다. 「축산물 위생관리법 시행령」 제21조제3호의2에 따른 식용란선별포장업을 하는 자
　　라. 「축산물 위생관리법 시행령」 제21조제4호에 따른 식육포장처리업을 하는 자

마.「축산물 위생관리법 시행령」제21조제7호가목에 따른 식육판매업을 하는 자, 같은 호 나목에 따른 식육부산물전문판매업을 하는 자 및 같은 호 바목에 따른 식용란수집판매업을 하는 자

　　바.「축산물 위생관리법 시행령」제21조제8호에 따른 식육즉석판매가공업을 하는 자

3.「건강기능식품에 관한 법률」제4조제1호에 따른 건강기능식품제조업을 하는 자

4.「수입식품안전관리 특별법 시행령」제2조제1호에 따른 수입식품등 수입·판매업을 하는 자

5.「축산법」제22조제1항제4호에 따른 가축사육업을 하는 자 중 식용란을 출하하는 자

6. 농산물·임산물·수산물 또는 축산물을 용기·포장에 넣거나 싸서 출하·판매하는 자

7. 법 제2조제3호에 따른 기구를 생산, 유통 또는 판매하는 자

2 ···· 포장 및 유통 방식 등에 따라 달라지는 농·축·수산물의 표시

식품을 제조, 생산하여 유통하는 영업자에게 식품표시광고법과 표시기준에 따른 표시 의무를 부여하고 있지만 모든 식품에 동일한 기준을 적용하기 어려우므로, 식품의 종류와 유통 형태 등에 따라서 표시사항을 간소화할 수 있습니다.

① 농·임·축·수산물의 포장 형태에 따른 적용 예외 대상

식품 중 농·임·축·수산물의 보존을 위하여 비닐랩 등으로 포장(진공포장 제외)하여 관능으로 내용물을 확인할 수 있도록 투명하게 포장된 경우에는 한글 표시를 생략할 수 있습니다. 그러나, 같은 농산물이라 하더라도 진공포장하거나, 불투명하게 포장하여 소비자가 해당 제품을 볼 수 없도록 포장된 경우라면 제품명, 업소명, 제조연월일, 내용량, 보관방법, 주의사항, GMO 표시 등을 하여야 합니다.

포장하였지만 관능적으로 내용물 확인이 가능하여 표시 생략한 사례	진공포장하여 제품명 등을 표시한 제품 사례

② 원료용 식품 등에 대한 표시적용 특례

자사 제조용 수입식품, 타 제조업소에 공급되는 원료용 식품 등, 가맹본부 또는 가맹사업자에게 공급되는 식품 등은 아래 표와 같이 표시사항의 일부만을 표시할 수 있습니다.

구분		표시사항
자사 제조용 수입식품		제품명 영업소(제조·가공 영업소를 말한다) 명칭 제조연월일, 유통기한 또는 품질유지기한 "건강기능식품"이라는 문자(건강기능식품만 해당한다) 「건강기능식품에 관한 법률」 제3조제2호에 따른 기능성에 관한 정보(건강기능식품만 해당한다)
원료용 식품	식품제조가공업, 식품첨가물제조업, 축산물가공업에 제공하는 경우	제품명 영업소의 명칭 및 소재지 제조연월일, 유통기한 또는 품질유지기한 보관방법 소비자 안전을 위한 주의사항 중 알레르기 유발물질
	건강기능식품 제조업에 제공하는 경우	제품명 영업소의 명칭 및 소재지 제조연월일, 유통기한 또는 품질유지기한 보관방법 소비자 안전을 위한 주의사항 중 알레르기 유발물질 내용량, 원료명 및 함량 "건강기능식품"이라는 문자 기능성에 관한 정보

가맹사업 공급용 식품	제품명
	영업소의 명칭 및 소재지
	제조연월일, 유통기한 또는 품질유지기한
	보관방법 또는 취급방법
	소비자 안전을 위한 주의사항 중 알레르기 유발물질
	* 가맹본부 또는 가맹점사업자가 판매시점 정보관리시스템 등을 통해 낱개 상품 여러 개를 한 포장에 담은 제품에 대하여 제품명, 영업소 명칭 및 소재지를 알 수 있는 경우에는 해당 표시 생략 가능

* 위의 표에는 설명되지 않았으나, 바코드 등을 이용하여 소비자에게 정보를 제공하거나, 축산물 위생관리법에 따른 식육판매업 및 식육즉석판매가공업 영업자, 식육부산물전문판매업 영업자 등에도 표시 특례를 적용하며 이에 대해서는 식품표시광고법 시행규칙 관련 별표 1에서 확인 가능합니다.

3 ····· 제품 표시 방법에 대한 예외 (인쇄, 라벨, 스티커 부착 등) 적용 사례

식품표시는 포장지에 인쇄하는 것이 원칙입니다. 다만, 포장지 특성 상 직접 인쇄가 불가능하다고 인정되는 경우와 경미한 표시사항의 오류 또는 변경 등의 경우에는 라벨, 스티커, 꼬리표(tag) 등을 이용할 수 있습니다.

〈라벨, 스티커, 꼬리표 사용가능한 경우〉

▶ 식품등의 표시기준(식품, 축산물 등)
1. 통, 병조림 및 병제품
2. 용기 포장 재질 또는 형태 특성 상 잉크, 각인 또는 소인 등으로 표시 불가능한 경우
3. 제조가공업소에 공급되는 원재료용 제품
4. 허가(등록 또는 신고)권자가 변경허가된 영업소의 명칭 및 소재지를 표시하는 경우
5. 경미한 표시사항의 변경을 관할 관청에서 승인한 경우
6. 자연상태의 농, 임, 축, 수산물의 경우
7. 방사선 조사문구 등

▶ 건강기능식품 표시기준
1. 탱크로리, 드럼통, 병 제품 또는 합성수지제 용기, 소비자에게 직접 판매되지 아니하는 원료용의 종이 · 가공지제
2. 합성수지제 포장 등 제품포장의 특성상 인쇄, 각인 또는 소인 등으로 표시하기가 곤란한 경우
3. 기영업허가 · 신고 또는 품목제조신고 한 내용이 변경되어 허가 · 신고관청에 변경허가 · 신고 수리된 경우
4. 단순 표시 오류에 따른 경미한 사항(표시내용의 오 · 탈자, 영양 · 기능(또는 지표)성분의 단위 및 캅셀기제 표시의 누락, 용기 · 포장재질 표시의 누락, 섭취량을 정수로 표시하지 아니 한 경우(예: 1회 1~3정) 등)

위와 같이 규정상으로 '경미한 표시사항의 변경을 관할 관청에서 승인한 경우'에 라벨,

스티커 등을 활용하여 인쇄된 부분을 변경 처리할 수 있도록 하고 있으나, 실제 산업 현장에서는 포장지의 표시사항을 수정하는 스티커 작업에 상당한 인력이 필요하여 포장지를 폐기하는 것이 비용적인 측면에서 더 유리한 경우도 있습니다.

식품안전과 관련이 없는 표시사항에 대해서는 관할 행정관청의 권한에 따라, '자원 활용 및 환경 관리' 관점에서 스티커 처리 없이 기존 포장재를 일시적으로 사용할 수 있도록 유예 승인을 하여 주는 사례도 종종 확인됩니다.

따라서 관련 사례나 어려움이 있는 경우라면 무조건 포장재를 폐기하거나 스티커 작업으로 인력 운용 비용을 과도하게 지불하기보다는 우선적으로 행정관청에 문의해 보는 것이 좋습니다.

4 ····· 식품표시를 위한 표시면의 이해와 글씨 크기

1) 주표시면과 정보표시면

주표시면은 용기·포장의 표시면 중 상표, 로고 등이 인쇄되어 있어 통상적으로 소비자에게 보여지는 면이며, 정보표시면은 용기·포장의 표시면 중 표시사항을 모아서 표시하는 면입니다. 식품등의 표시기준 [도 1]에서는 식품 포장지의 형태, 재질, 스티커 부착 등의 조건에 따라 대표적인 용기·포장의 형태별로 주표시면과 정보표시면 구분 예시를 아래와 같이 안내하고 있습니다.

[도 1] 용기·포장의 주표시면 및 정보표시면 구분

주표시면(앞면)   정보표시면(뒷면)   주표시면(앞면, 윗면) 정보표시면(뒷면)

정보표시면(양측면)

주표시면(앞면, 윗면)　정보표시면(뒷면)

주표시면(앞면, 윗면, 뒷면)

주표시면(표시면적의 2/3)
정보표시면(표시면적의 1/3)

주표시면(앞쪽 2개면)
정보표시면(뒷쪽 1개면)

주표시면(윗면, 바닥면)

정보표시면(양측면)

정보표시면(양측면)
주표시면(앞면, 윗면, 뒷면)

스티커 부착 제품

스티커 부착 제품

주표시면(스티커 면적의 1/2)
정보표시면(스티커 면적의 1/2)

주표시면(스티커 면적의 1/2)
정보표시면(스티커 면적의 1/2)

주표시면(앞면 또는 윗면)

정보표시면(뒷면)

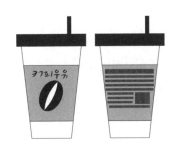

주표시면(앞면 또는 윗면)   정보표시면(뒷면)

주표시면(앞면 또는 윗면)   정보표시면(뒷면)

주표시면(앞면)   정보표시면(뒷면 또는 측면)

정보표시면(양측면)

주표시면(앞면 또는 뒷면)

주표시면(앞면)

정보표시면(뒷면)

출처: 식품등의 표시기준

2) 표시 위치와 활자 크기

식품, 축산물 등

주표시면에는 제품명, 내용량 및 내용량에 해당하는 열량(열량은 내용량 뒤에 괄호로 표시하되, 영양성분 표시 대상 식품 등만 해당)을 표시하여야 합니다. 또한 제품명으로 사용되었거나 주표시면에 강조 표시한 원재료가 있다면 해당 원재료의 명칭과 함량 또한 함께 주표시면에 기재하여야 합니다. 다만, 주표시면에 제품명과 내용량 및 내용량에 해당하는 열량 이외의 사항을 표시하였다면 정보표시면에서는 그 사항을 생략할 수 있습니다.

정보표시면에는 식품유형, 영업소(장)의 명칭(상호) 및 소재지, 유통기한(제조연월일 또는 품질유지기한), 원재료명 등을 표시하여야 하며 일반적인 경우 표시사항을 표 또는 단락으로 나누어 표시하고, 10포인트 이상(장평 90% 이상, 자간 -5% 이상)의 활자 크기로 표시하여야 합니다.

다만, 정보표시면의 면적이 100㎠ 미만인 경우 장평을 90% 이상 → 장평 50% 이상으로 조정 가능하고, 정보표시면이 부족하여 10포인트 이상의 활자 크기로 표시할 수 없는 경우에는 정보표시면에 식품등의 표시기준에서 정한 표시와 타법에서 정한 표시사항만을 표시하되 활자 크기를 줄여 표시할 수 있습니다.

구분	표시 면적 구분	표시 내용	표/단락 사용	활자 크기
주 표시면	-	- 제품명 - 내용량 및 내용량에 해당하는 열량(열량은 내용량 뒤에 괄호로 표시하되, 영양성분 표시 대상 식품 등만 해당)		10포인트 이상
		- 제품명으로 사용한 원재료명(통칭명)과 함량		14포인트 이상 (단, 제품명이 22 포인트 미만인 경우 7포인트 이상)
		- 주표시면에 강조표시한 특정 원재료명과 함량		12포인트 이상

정보 표시면	정보표시면 면적 이 100㎠ 이상	- 식품유형 - 영업소(장)의 명칭(상호) 및 소 재지	표시사항별 표 또는 단락 등으로 나누어 표시	10포인트 이상 (장평 90% 이상, 자간 -5% 이상)
	정보표시면 면적 이 100㎠ 미만	- 유통기한(제조연월일 또는 품 질유지기한) - 원재료명	표 또는 단락으로 나누어 표시 예외	10포인트 이상 (장평 50% 이상, 자간 -5% 이상)
	정보표시면 면적 이 부족한 경우	- 주의사항 - 영양성분* - 원산지** 등		10포인트 미만 가능 (단, 법적 의무사항 만 표시)
달걀 껍데기				6포인트 이상

* 영양성분의 활자 크기 외, 영양성분표의 구성과 굵은 활자(Bold) 표시 등에 대한 사항은 '영양성분 표시의 대상
과 방법' 부분에서 별도 확인이 필요합니다.

** '농수산물의 원산지 표시에 관한 법률 시행령' 별표 1 제3호에 따른 농수산물 가공품의 경우 활자 크기는 원재
료명 등과 동일한 기준(정보표시면 면적이 100㎠ 이상인 경우 10포인트 이상 등)을 적용하나, 진하게(굵게) 표
시하여야 합니다.

건강기능식품

구분		표시 내용	활자 크기
주 표시면	-	- 건강기능식품 표시(건강기능식품 도안)	10포인트 이상 도안은 15×15㎜
		- 제품명 - 기준 규격 명칭(제품명에 기준 규격 상 명칭이 포함 되지 않은 경우에 한함)	기준 규격 명칭을 표시할 경우: 제품명 주변(바로 위 · 아래 · 옆)에 가장 큰 제품명 글씨 크기의 2분의 1이상, 단 최소 10포인트 이상
		- 내용량	10포인트 이상
	1개의 영양성분 또는 기능성 원 료를 사용한 제 품의 경우	- 열량, 탄수화물, 당류(캡슐 · 정제 · 환 · 분말 제외), 단백질, 지방, 나트륨과 영양성분 기준치의 30% 이 상을 함유하고 있는 비타민 및 무기질은 그 명칭, 1 회 분량 또는 1일 섭취량 당 함량 - 기능성원료의 기능성분 또는 지표성분의 명칭과 1 회 분량 또는 1일 섭취량당 함량	10포인트 이상

정보표 시면		- 유통기한 및 보관방법 - 기능정보 - 섭취량, 섭취방법 및 섭취시 주의사항	10포인트 이상 (장평 90% 이상, 자간 -5% 이상)
		- 영양정보	8포인트 이상 (고딕체류)
표시면 제한 없음		- 업소명 및 소재지 - 원료명 및 함량 - 질병의 예방 및 치료를 위한 의약품이 아니라는 내 용의 표현 - 소비자 안전을 위한 주의사항 - 기타 건강기능식품의 세부표시기준에서 정하는 사항	10포인트 이상 (장평 90% 이상, 자간 -5% 이상)

※ 표시면적이 적어 정하여진 크기로 표시하기 곤란한 경우

▶ 최소판매단위별 용기·포장에 일괄표시하여야 하는 사항을 10포인트보다 작게 표시가능. 이 경우 법적 의무 표시(타법 포함)만을 표시해야 하며, 정보표시면의 면적은 주표시면에 준하는 최소여백을 제외한 면적 이상이어야 한다.

▶ 최소 판매단위별 용기·포장에 일괄표시하여야 하는 사항 중 업소명 및 소재지, 유통기한 및 보관방법, 영양정보, 기능정보를 제외하고 제품설명서에 따로 기재하여 함께 포장 가능. 다만, 섭취시 주의사항 중 「건강기능식품의 기준 및 규격」에서 정한 사항을 제외한 섭취 주의사항은 제품설명서에 표시 가능.

5 ····· 영양성분 표시 대상과 표시 방법

1) 영양성분 표시 대상

식품표시광고법 시행규칙 제6조 제1항 관련 별표 4에 따라 아래 식품 유형에 해당하는 경우 의무적으로 영양성분을 표시하여야 합니다.

▶ 영양성분 표시 대상 식품 목록
  가. 레토르트식품(조리가공한 식품을 특수한 주머니에 넣어 밀봉한 후 고열로 가열 살균한 가공식품을 말하며, 축산물은 제외)
  나. 과자류 중 과자, 캔디류 및 빙과류 중 빙과·아이스크림류
  다. 빵류 및 만두류
  라. 코코아 가공품류 및 초콜릿류
  마. 잼류
  바. 식용 유지류(油脂類)(동물성유지류, 식용유지가공품 중 모조치즈, 식물성크림, 기타식용유지가공품은 제외)
  사. 면류
  아. 음료류(다류와 커피 중 볶은 커피 및 인스턴트 커피는 제외)
  자. 특수용도식품
  차. 어육가공품류 중 어육소시지
  카. 즉석섭취·편의식품류 중 즉석섭취식품 및 즉석조리식품
  타. 장류(한식메주, 한식된장, 청국장 및 한식메주를 이용한 한식간장은 제외)
  파. 시리얼류
  하. 유가공품 중 우유류·가공유류·발효유류·분유류·치즈류
  거. 식육가공품 중 햄류, 소시지류
  너. 건강기능식품

더. 가목부터 너목까지의 규정에 해당하지 않는 식품 및 축산물로서 영업자가 스스로 영양표시를 하는 식품 및 축산물

※ 2021. 3. 14. 영양성분 표시품목 확대
- 코코아가공품류
- 시리얼류
- 즉석섭취식품(김밥, 햄버거, 샌드위치 이외의 즉석섭취식품)
- 즉석조리식품

다만, 아래의 표에 나열된 즉석판매제조가공업자가 제조 · 가공하는 식품 등은 영양성분 표시를 생략할 수 있습니다.

▶ 영양성분 표시 대상 제외대상
가. 「식품위생법 시행령」 제21조제2호에 따른 즉석판매제조 · 가공업 영업자가 제조 · 가공하는 식품
나. 「축산물 위생관리법 시행령」 제21조제8호에 따른 식육즉석판매가공업 영업자가 만들거나 다시 나누어 판매하는 식육가공품
다. 식품, 축산물 및 건강기능식품의 원료로 사용되어 그 자체로는 최종 소비자에게 제공되지 않는 식품, 축산물 및 건강기능식품
라. 포장 또는 용기의 주표시면 면적이 30제곱센티미터 이하인 식품 및 축산물

2) 영양성분 표시 방법

식품 및 축산물 등

영양성분 표시 대상 식품에는 ① 열량, ② 나트륨, ③ 탄수화물, ④ 당류, ⑤ 지방, ⑥ 트랜스지방, ⑦ 포화지방, ⑧ 콜레스테롤, ⑨ 단백질과 ⑩ 영양표시나 영양강조표시를 하고자 하는 1일 영양성분 기준치에 명시된 영양성분의 함량을 표시하여야 합니다.

상기 영양성분 함량은 식품표시기준 [도 3], [도 4]에 제시된 '영양성분 표시서식도안' 중

제품 표시면적, 포장형태, 총 내용량, 섭취 방법 등을 고려하여 도안을 선택하여 표시하면 됩니다.

단, 영양성분을 표시할 때에는 글씨 크기나 굵기 등을 아래와 같이 유의, 관리하여야 합니다.

① 영양성분의 명칭, 함량, 1일 영양성분 기준치에 대한 비율(%)은 10포인트 이상의 글씨 크기로 표시

② 열량의 표시는 10포인트 이상의 글씨 크기로 하되, 총 내용량 글씨 크기보다 크거나 같아야 하고, 굵게(bold) 표시

③ 1일 영양성분 기준치에 대한 비율(%) 표시는 영양성분의 글씨 크기 및 함량의 글씨 크기보다 크거나 같아야 하며, 소수점 첫째자리에서 반올림하여 1% 단위로 표시하고 굵게(bold) 표시

영양성분 표시서식 도안

[기본형]

[세로형]

[그래픽형]

[가로형]

[텍스트형]

[병행표기]

영양정보

총 내용량 00g(00g×0조각)
1조각(00g)당 000kcal

1조각당	1일 영양성분 기준치에 대한 비율		총 내용량당	
나트륨 00mg		00%	00mg	00%
탄수화물 00g		00%	00g	00%
당류 00g		00%	00g	00%
지방 00g		00%	00g	00%
트랜스지방 00g			00g	
포화지방 00g		00%	00g	00%
콜레스테롤 00mg		00%	00mg	00%
단백질 00g		00%	00g	00%

1일 영양성분 기준치에 대한 비율(%)은 2,000kcal 기준이므로 개인의 필요 열량에 따라 다를 수 있습니다.

[주표시면]

총 내용량 00g(ml)당

열량	나트륨	탄수화물	당류	지방	트랜스지방	포화지방	콜레스테롤	단백질
000 kcal	**00%** 00mg	**00%** 00g	**00%** 00g	**00%** 00g	00g	**00%** 00g	**00%** 00mg	**00%** 00g

1일 영양성분 기준치에 대한 비율(%)은 2,000kcal 기준이므로 개인의 필요 열량에 따라 다를 수 있습니다.

출처: 식품등의 표시기준 도 3, 도 4

건강기능식품

건강기능식품에는 ① 열량, ② 탄수화물, ③ 당류(캡슐·정제·환·분말 제외), ④ 단백질, ⑤ 지방, ⑥ 나트륨, ⑦ 영양성분 기준치의 30% 이상을 함유하고 있는 비타민 및 무기질에 대하여 그 명칭, 1회 분량 또는 1일 섭취량 당 함량 및 영양성분 기준치(또는 한국인 영양섭취기준)에 대한 비율(%, 열량, 당류는 제외)을 표시하여야 합니다(주원료로 사용한 비타민 및 무기질 제외).

다만, 영양성분 기준치의 30% 미만을 함유하고 있는 비타민, 무기질과 식이섬유, 포화지방, 불포화지방, 콜레스테롤, 트랜스지방은 임의로 표시할 수 있으며, 이 경우 해당 영양성분의 명칭, 함량 및 영양성분 기준치(또는 한국인 영양섭취기준)에 대한 비율(%, 불포화지방, 트랜스지방은 제외)을 표시하여야 합니다.

건강기능식품의 영양정보는 아래의 도안을 활용하되, 아래의 사항을 유의하여야 합니다.
① 글자 모양은 8포인트 이상의 고딕체류로 표시
② 열량, 영양성분명칭, 기능성분명칭은 굵게 표시
③ 제품포장형태에 따라 예시 1부터 예시 3까지의 방법으로 표시.
다만, 표시면적이 부족한 경우에만 예시 4의 방법으로 표시 가능.

④ 표시 도안 구분선 굵기

- 열량 표시 위: 1.0~1.5㎜ 내외의 굵은 구분선

- 나트륨 표시 아래, 기능성분 표시 위: 0.5~0.8㎜ 내외의 중간 정도의 구분선

영양·기능정보 표시내용(예시)

〈예시 1〉

영양·기능정보

1회 분량/1일 섭취량: ○정(○mg)

1회 분량/ 1일 섭취량 당	함량	%영양성분 기준치
열량	150kcal	
탄수화물	23g	7%
당류	10g	
단백질	2g	3%
지방	6g	11%
나트륨	55mg	2%
비타민 C	11mg	20%
칼슘	20mg	7%
기능성분 또는 지표성분	○mg	

※ %영양성분기준치: 1일 영양성분기준치에 대한 비율

〈예시 2〉

영양·기능정보

1회 분량/1일 섭취량: ○정(○mg)

1회 분량/ 1일 섭취량 당	함량	%영양성분 기준치
열량	150kcal	
탄수화물	23g	7%
당류	10g	
식이섬유	3g	12%
단백질	2g	3%
지방	6g	11%
포화지방산	2g	13%
불포화지방산	3g	
트랜스지방		
콜레스테롤	10mg	3%
나트륨	55mg	2%
비타민 C	11mg	20%
칼슘	20mg	7%
기능성분 또는 지표성분	○mg	

※ %영양성분기준치: 1일 영양성분기준치에 대한 비율

〈예시 3〉

영양·기능정보
1회 분량/
1일 섭취량
: ○정(○mg)

1회 분량/ 1일 섭취량 당	함량	%영양성분기준치		1회 분량/ 1일 섭취량 당	함량	%영양성분기준치
열량	150kcal			단백질	2g	3%
탄수화물	23g	7%		지방	6g	11%
당류	10g			나트륨	55mg	2%
비타민 C	11mg	20%		칼슘	20mg	7%
기능성분 또는 지표성분	○mg					

※ %영양성분기준치: 1일 영양성분기준치에 대한 비율

〈예시 4〉

영양·기능정보   1회 분량/1일 섭취량: ○정(○mg)

1회 분량/1일 섭취량 당 함량: 열량 kcal, 탄수화물 ○g(○%), 당류 ○g, 단백질 ○g(○%), 지방 ○g(○%), 나트륨 ○mg(○%), 비타민 C ○mg(○%), 칼슘 ○mg(○%), 기능성분 또는 지표성분 ○mg
 ※ ( ) 안의 수치는 1일 영양성분기준치에 대한 비율임

출처: 건강기능식품의 표시기준

6 ····· 원산지 표시 대상과 표시 방법

1) 원산지 표시 대상 식품

식품 등 제조가공업소에서 제조, 생산, 유통 등을 하여 판매하는 식품등에 대한 원산지 표시 대상은 '농림축산식품부고시 제2019-56호' 제2조 관련 별표 1 및 별표 2에서 농산물 (국산 농산물 222품목, 수입농산물과 그 가공품 161품목), 농산물 가공품(268품목), 수산 물(국산 수산물 및 원양산 수산물 192품목, 수입 수산물과 그 가공품 등 24품목) 및 수산물 가공품(66품목)의 유형을 분류, 명시하고 있습니다. 식품 산업계 전반으로 본다면, 상당히 많은 유형이 원산지 표시 대상으로 포함되어 있으므로 꼭 취급 품목의 원산지 표시 대상 여부를 해당 규정을 통해 반드시 확인하여야 합니다.

2) 원산지 표시 방법

국내에서 생산한 제품의 경우에는, 해당 제품에 사용된 농, 축, 수산물 원재료 중 일부에 대한 원산지 정보를 소비자에게 제공하며, 수입식품은 해당 식품의 수입 통관 시 원산지를 표시합니다. 원산지 표시는 원재료명 및 함량란에 기재하며, 표시 활자 크기는 아래와 같 습니다.

	표시 위치	활자 크기
농수산물	소비자가 쉽게 알아볼 수 있는 곳	- 포장 표면적 3,000㎠ 이상: 20포인트 이상 - 포장 표면적 50㎠ 이상 3,000㎠ 미만: 12포인트 이상 - 포장 표면적 50㎠ 미만: 8포인트 이상. 다만, 8포인트 이상의 크기로 표시하기 곤란한 경우에는 다른 표시사항의 글자 크기와 같은 크기로 표시 가능
농수산물 가공품	원재료명 표시란	- 10포인트 이상(장평 90% 이상, 자간 -5% 이상)의 활자로 진하게(굵게) 표시 - 정보표시면 면적이 100㎠ 미만인 경우에는 각각 장평 50% 이상, 자간 -5% 이상으로 표시 가능 - 정보표시면 면적이 부족한 경우에는 10포인트보다 작게 표시할 수 있으나, 원재료명의 표시와 동일한 크기로 진하게(굵게) 표시

3) 원산지 표시 대상 원료 선택 방법

① 제품명을 일부러 강조한 농, 축, 수산물

② 배합비에 따라 표시 대상 원재료 선택

원산지 표시 대상 원재료 선택 기준

구분		선택 기준
상위 1가지 원료의 배합비율이 98% 이상		배합비 기준 상위 1개 원료만
배합비 98% 이상 원재료가 없는 경우	상위 2가지 원료의 배합비율 합이 98%인 경우	2순위까지의 원료
	상위 2가지 원료의 배합비율 합이 98% 미만인 경우	3순위까지의 원료
김치류	고춧가루를 사용하는 제품	고춧가루, 소금 제외한 2순위까지의 원료+고춧가루+소금
	고춧가루를 사용하지 않는 제품	소금 제외한 2순위까지의 원료+소금
절임류	소금을 제외한 원료 중 한 가지 원료의 배합비율이 98% 이상인 경우	98% 이상 원료+소금
	소금을 제외한 원료 중 한 가지 원료의 배합비율이 98% 미만인 경우	2순위까지의 원료+소금

※ 단, 원산지 표시 대상 원재료 선택 시, 물, 식품첨가물, 주정(酒精) 및 당류(당류를 주원료로 하여 가공한 당류가공품을 포함)는 배합 비율의 순위와 표시 대상에서 제외

원산지를 표시하여야 하는 원재료가 복합원재료인 경우에는 아래의 기준에 따라 원산지 표시 대상 원료를 선택, 표시합니다.

복합원재료의 원산지 표시

국내 제조된 복합원재료	1. 복합원재료의 구성원료 중 배합비율 상위 2가지 원료를 선택 2. 복합원재료 중 한 가지 원료의 배합비율이 98% 이상인 경우, 상위 1가지 원료만 선택 3. 복합원재료가 고춧가루를 사용한 김치류라면, 고춧가루와 고춧가루 외 배합비율이 가장 높은 원료 1개 표시 4. 복합원재료 내 복합원재료가 원산지 표시 대상이라면 배합비율이 높은 1가지 원료만 선택
수입한 복합원재료	수입 통관시의 원산지를 표시

7 ····· 포장재질, 분리배출 표시 규정의 구분과 이해

식품표시광고법에서 정하는 '포장재질'이라 함은 제품에 사용되는 합성 수지제 또는 고무제의 용기 또는 포장지를 말합니다.

식품산업계에서 사용하는 플라스틱 등의 용기는 대부분 폴리프로필렌(PP), 폴리에틸렌테레프탈레이트(PET) 등의 단일 재질로 만들기 때문에 재질 표시로 인한 혼란이 없으나, 상당수의 비닐 포장재는 폴리에틸렌을 비롯한 2가지 이상의 재질을 겹쳐 만드는 형태로서, 포장재질을 표시할 때에는 식품과 직접 맞닿아 접촉하는 면의 재질(상당수의 경우 '폴리에틸렌')을 표시합니다.

포장재질 표시와는 별개로 환경부에서 소관하는 「자원의 절약과 재활용 촉진에 관한 법률」에서는 '분리배출'에 대한 표시를 하도록 규정하고 있는데, 이는 재활용 자원을 손쉽게 분류하기 위한 목적으로 폐기된 용기 또는 포장재가 어떠한 재질로 구성되었는지, 구성된 재질이 단일 또는 복합 재질 등을 구분하기 위한 목적입니다.

포장재질 표시와 분리배출 표시 관련한 상기 두 규정의 운영 목적이 다르므로, 포장재질, 분리배출 표시도안을 각기 표시하나, 단일 성분을 포장재질로 사용한 경우라면 분리배출 도안 또는 포장재질 중 하나만을 표시할 수 있습니다.

포장재질 표시	분리배출	표시 의미	
포장재질: 폴리에틸렌 테레프탈레이트	페트	해당 재질이 PET 단일 재질임	포장재질, 분리배출 중 택 1 표시 가능
포장재질(내면): 폴리에틸렌	비닐류 OTHER	포장지 내면(식품과 접촉하는 면)이 폴리에틸렌이며, 포장지 전체는 폴리에틸렌 이외 여러 가지 재질이 첩합되어 있음	포장재질, 분리배출 동시 표시

근거 규정

분리배출 도안 또는 포장재질 중 1가지만 표시하는 경우

분리배출 표시에 관한 지침(환경부고시 제2017-235호, 2017. 12. 26.)

제6조(분리배출 표시의 적용예외) ① 생략
② 분리배출 표시 사업자가 식품위생법 제10조의 규정에 의하여 합성수지제의 용기 · 포장에 대한 재질
표시를 한 경우에는 일괄표시를 함에 있어서 구성부분의 명칭과 재질명을 표시하지 아니할 수 있다.

식품등의 표시기준

II. 공통표시기준
1. 표시방법
가. ~ 카. (생략)
타. 제품에 사용되는 합성수지제 또는 고무제의 용기 또는 포장지에는 포장재질을 다음과 같이 표시하
여야 한다.
  1) 합성수지제 또는 고무제의 재질에 따라「기구 및 용기 · 포장의 기준 및 규격」에 등재된 재질명칭인
  염화비닐수지, 폴리에틸렌, 폴리프로필렌, 폴리스티렌, 폴리염화비닐리덴, 폴리에틸렌테레프탈레
  이트, 페놀수지, 실리콘고무 등으로 각각 구분하여 표시하여야 하며, 이 경우 약자로 표시할 수 있다.
  2)「자원의 절약과 재활용 촉진에 관한 법률」에 따라 폴리에틸렌(PE), 폴리프로필렌(PP), 폴리에틸
  렌테레프탈레이트(PET), 폴리스티렌(PS), 염화비닐수지(PVC)가 표시되어 있으면 별도 재질표시
  를 생략할 수 있다.

8 ····· 분리배출 표시 방법

1) 분리배출 표시 위치 및 크기

분리배출 표시는 분리배출 표시에 관한 지침(환경부고시 제2017-235호, 2017. 12. 26.)에 근거합니다. 제품·포장재의 정면, 측면 또는 바코드의 상하좌우 등 위치에 인쇄 또는 각인을 하거나 라벨을 부착하는 방법으로 하며, 부득이한 경우라면 용기 바닥 등에도 가능합니다.

분리배출 표시 도안의 최소 크기는 가로, 세로 각각 8㎜ 이상으로 하여야 합니다.

2) 다중포장재, 복합재질 포장재의 분리배출

분리배출 표시는 포장재질의 분리수거와 재활용을 촉진하기 위한 목적으로 시행되는 제도이므로, 2개 이상의 분리된 포장재(예를 들어 비닐 포장지 안에 플라스틱 용기가 들어있는 형태 등) 등은 각 부분품(비닐, 플라스틱 용기)별로 분리배출 표시하는 것이 원칙입니다.

분리되지 않고 일체를 이루는 다중포장재, 종이재질과 합성수지재질이 일체를 이루는 다중 포장재, 복합재질포장재 등은 주요 부분 한 곳에 일괄표시를 할 수 있으며 종이재질의 포장재와 합성수지재질의 포장재로 일체를 이루는 다중포장재는 별도의 지정승인 절차 없이 종이재질의 포장재에 일괄표시를 할 수 있습니다.

3) 분리배출 표시 중 "OTHER"의 의미

플라스틱 및 비닐류 표시재질에 표기되지 아니한 단일재질 및 합성수지 재질이 둘 이상 복합된 재질 또는 합성수지와 그 밖의 다른 재질(종이재질은 합성수지가 양면에 부착된 경우만 해당)이 부착 등의 방법으로 혼합 사용한 복합재질포장재의 재질표시는 분리배출 표시에 관한 지침(환경부고시 제2017-235호, 2017. 12. 26.) 별표 제2호의 플라스틱 또는 비닐류의 표시재질 중 "OTHER"로 표시합니다.

실제로 식품 산업계에서 사용하는 대부분의 비닐 포장재는 식품과 접촉하는 면이 폴리에틸렌이고 여러 재질이 겹쳐 있는 재질이므로 "OTHER" 표시되어야 하는 경우가 많습니다.

제3장

현장 사례로 이해하는
식품표시 실무 가이드라인

① ⋯⋯ 외국어를 이용한 제품 표시 방법

식품표시는 한글로 표시하는 것이 원칙이나, 소비자의 이해를 돕기 위하여 한자나 외국어는 혼용하거나 병기할 수 있고 이 경우 한자나 외국어는 한글표시 활자와 같거나 작은 크기의 활자로 표시되어야 합니다. 다만, 수입식품과 상표법에 의하여 등록된 상표는 한자나 외국어를 한글 표시보다 크게 표시할 수 있습니다.

	일반	수입식품, 등록 상표
활자 크기	한글 ≥ 한자 또는 외국어	한글 ≤ 한자 또는 외국어

TIP. 외국어가 크게 표시된 축산물의 포장지 사용 유예기간

현행 식품표시광고법이 제정, 시행되기 전까지 축산물은 축산물위생관리법에 따른 '축산물의 표시기준'에 따라 외국어를 혼용하거나 함께 표시할 때 활자 크기에 대한 별도 제제를 받지 않습니다. 그러나 식품표시광고법 시행으로 인해 상표법에 따라 등록된 상표와 수입제품을 제외하고는 외국어가 한글보다 크게 표시될 수 없습니다.
다만, 기존 축산물의 표시기준에 따라 제작된 포장지 등은 2021. 3. 13.까지 사용 가능합니다.

> 축산물위생관리법
> 부　　칙 〈법률 제15487호, 2018. 3. 13.〉
> 제2조(축산물의 표시에 관한 경과조치) 이 법 시행일부터 2년 이내에 처리·가공·포장 또는 수입하는 축산물에 대하여는 제6조의 개정규정 및 「식품 등의 표시·광고에 관한 법률」에도 불구하고 종전의 제6조에 따른 축산물의 표시기준에 따라 표시할 수 있다. 이 경우 해당 축산물은 그 유통기한까지 판매하거나 판매할 목적으로 진열 또는 운반하거나 영업에 사용할 수 있다.

② ⸺ 제품명으로 사용된 특정 원재료의 함량 기준

제품명과 관련하여 실무를 하다 보면 가장 많이 받는 질문이, "제품명으로 사용하는 특정 원재료는 몇 %가 반드시 들어가야 한다는 함량 기준이 있나요?"라는 질문입니다.

결론적으로 설명드리면, 제품명으로 특정 원재료명을 사용할 때 함량 기준은 없습니다. 다만, 특정 원재료명을 제품명으로 사용하거나, 주표시면에 광고 문안 등으로 강조 표시하는 경우, 채소, 과일 등과 같은 통칭명을 사용하는 경우에는 해당 원재료가 얼마나 들어 있는지 함량 표시를 하여야 합니다.

원재료 함량 표시를 할 때 표시 위치와 활자 크기는 아래와 같습니다.

▶ 특정 원재료명을 제품명으로 사용하는 경우: 특정 원재료 함량을 주표시면에 14포인트(단, 제품명의 글씨 크기가 22포인트 미만인 경우에는 7포인트 이상 가능)

▶ 통칭명을 사용하는 경우: 통칭명이 나타내는 원재료의 함량을 주표시면에 14포인트로 표시(단, 제품명의 글씨 크기가 22포인트 미만인 경우에는 7포인트 이상 가능)

▶ 특정 원재료명을 주표시면에 강조 표시하는 경우(제품명으로 사용하지 않고 광고문구 등으로 활용): 특정 원재료 함량을 주표시면에 12포인트

바삭감자칩
Crispy Potato Chips

🔍 해바라기씨유를
사용하여
더욱 바삭해요

국산감자 87 %
해바라기씨유 5 %

50 g (200 kcal)

3 ····· 원재료명 표시, 순서대로 따라 해 보기

　　　　　원재료명 및 함량란에는 식품표시광고법에 따른 원재료명 및 함량, 원산지 표시법에 따른 원산지 표시가 함께 기입되어 있고 표시된 내용이 워낙 방대할 뿐만 아니라 식품첨가물과 같은 어려운 용어가 섞여 있습니다. 따라서 해당 표시를 하여야 하는 영업자, 해당 정보를 파악하여야 하는 소비자 모두의 입장에서 가장 헷갈리고, 이해하기 어려운 부분이 아닐까 생각됩니다. 실제로 식품표시 관련 업무를 하다 보면 업무 담당자들의 실수나 오류가 제일 많이 발생하는 부분이기도 합니다.

　하지만 우선 관련 용어를 명확히 이해하고 제품에 사용된 원재료의 정보를 정확히 파악하고 있다면 오류 없이 원재료명 및 함량을 표시, 관리할 수 있습니다.

식품 및 축산물 등

① 원재료명 및 함량 표시 관련 용어 정의

▶ 원재료: 식품 또는 식품첨가물의 처리 · 제조 · 가공 또는 조리에 사용되는 물질로서 최종 제품 내에 들어 있는 것
▶ 복합원재료: 2종류 이상의 원재료 또는 성분으로 제조 · 가공하여 다른 식품의 원료로 사용되는 것(ex. 양조간장, 고추장, ○○ 조미분말 등)

② 표시 순서

- 많이 사용한 원재료 순서대로 표시합니다(최종 제품에 남지 않는 정제수는 제외).

- 중량 비율 2% 미만인 원재료는 함량 순서에 따르지 않고 표시 가능합니다.

③ 복합원재료의 표시

- 복합원재료는 복합원재료를 구성하는 원료 중 정제수를 제외하고 5개 이상의 원재료명 또는 성분명을 표시합니다. 단, 복합원재료가 5% 미만이라면 복합원재료의 명칭만을 표시할 수 있습니다.

④ 식품첨가물의 표시

- 식품첨가물을 표시할 때에는 표시기준 표 4~6에 따라 식품첨가물 및 용도, 첨가물명칭 (또는 용도명), 식품첨가물명칭 또는 간략명 또는 주용도로 표시합니다.
- 식품첨가물 중 혼합제제류는 혼합제제류의 명칭을 표시하고 혼합제제류를 구성하는 모든 식품첨가물 등을 표시합니다.

(참고)

혼합제제류의 종류: L-글루탐산나트륨제제, 면류첨가알카리제, 보존료제제, 삭카린나트륨제제, 타르색소제제, 합성팽창제, 혼합제제

〈표시 예시〉

제조하는 제품의 배합비와 사용된 원재료가 아래와 같다고 가정할 경우 원재료명은 어떻게 표시하여야 할까요?
(제품명, 원산지 등은 모두 배제하고, 원재료명 표시만 나열해 보도록 하겠습니다)

1차 원재료			2차 원재료	
원재료명	식품유형	배합비(%)	원재료명	식품유형
떡		50	쌀	
			정제수	
			정제소금	정제소금
고추장	고추장	15	고춧가루	
			보리가루	
			소금	
			종국	식품첨가물
간장	간장	10	대두	
			소금	
			종국	
설탕	설탕	9		
물엿	물엿	6		
간 마늘	농산물가공품	5	마늘	
			구연산	
생강분말	농산물가공품	4.8	생강	
			변성전분	식품첨가물
전분혼합제제	혼합제제류 식품첨가물	0.2	변성전분	식품첨가물
			구연산	
		100		

Step 1. 원재료를 순서대로 표시하여 줍니다.
　　　→ 떡, 고추장, 간장, 설탕, 물엿, 간마늘, 생강분말, 혼합제제

Step 2. 배합비 기준 5% 이상인 복합원재료는 정제수를 제외하고 5개 이상의 원재료명을 표시합니다.
　　　→ 떡(쌀, 정제소금), 고추장(고춧가루, 보리가루, 소금, 종국), 간장(대두, 소금, 종국), 설탕, 물엿, 간
　　　　마늘(마늘, 구연산), 생강분말, 혼합제제

(tip) 생강분말은 5% 미만이므로, 복합원재료명칭만 표시하여 줍니다.

Step 3. 식품첨가물은 표 4~6에 따라 용도명 등을 함께 표시하여야 하는지 점검합니다. 혼합제제는 혼합제
　　　제류의 명칭을 쓰고 구성원재료를 모두 표시하여 줍니다.
　　　→ 떡(쌀, 정제소금), 고추장(고춧가루, 보리가루, 소금, 종국), 간장(대두, 소금, 종국), 설탕, 물엿, 간
　　　　마늘(마늘, 구연산), 생강분말, 혼합제제(변성전분, 구연산)

(tip) 혼합제제(변성전분, 구연산)을 표시할 때, '구연산'의 주용도 명칭인 '산도조절제'를 적용하여 '혼합제제
　　　(변성전분, 산도조절제)'로도 표시 가능

건강기능식품

건강기능식품의 경우에는 기능성을 나타내는 주원료가 중요한 원재료이므로, 이를 강조 표시하는 방식으로 원료명을 표시합니다. 아래와 같은 주원료의 우선 표시 및 함량 표시에 대한 사항을 제외하고는 식품 및 축산물의 표시 방법과 동일합니다.

① 건강기능식품 원료명 표시 방법

- 해당 제품의 기능성을 나타내는 주원료를 우선 표시하고, 그 외의 원료는 제조 시 많이 사용한 순서에 따라 표시합니다.

- 주원료의 함량을 표시하는 경우에는 기능성분(또는 지표성분)의 명칭과 함량을 함께 표시합니다.

- 기타원료의 함량을 표시하려는 경우에는 원료명을 주원료와 기타원료로 구분하여 많이 사용한 순서대로 표시하여야 합니다. 이 경우 기타원료의 성분명칭을 함께 표시 할 수 없습니다.

(예시) 기타원료 D의 함량을 표시하고자 하는 경우

주원료: A, B

기타원료: C, D ○○%

- 복합원료(2종류 이상의 원료를 사용하여 제조한 제품)를 원료로 사용한 때에는 그 복합원료명을 표시하고 괄호 속에 많이 사용한 원료명을 순서에 따라 표시하여야 합니다. 다만, 복합원료가 해당 제품의 5퍼센트(%) 미만에 해당되거나 복합원료 명칭에서 그 원료가 분명할 경우에는 해당 원료명을 생략할 수 있습니다.

- 식품첨가물의 표시 방법은 식품 및 축산물의 표시 방법과 동일합니다.

4 ····· 동일한 농산물이 원료로 사용되었지만, 달라질 수 있는 원산지 표시

		예시		원산지 표시
소맥 재배지: 호주 ▶		소맥 수입 ▶	밀가루 가공지: 국내	밀가루 (밀: 호주산)
		밀가루 가공: 호주 ▶	밀가루 수입	밀가루 (호주산)

위와 같은 경로로 생산된 밀가루의 원산지는 어떻게 표시하여야 할까요?

호주에서 재배한 밀가루의 원료인 소맥을 동일하게 사용하였더라도 어디에서 밀가루를 가공하였는지에 따라 원산지 표시 방법은 달라집니다.

▶ 호주에서 재배한 소맥을 수입하여 국내에서 밀가루로 만들었다면, 밀가루의 원료가 되는 소맥(농산물)의 원산지에 따라 '밀가루(밀: 호주산)'으로 표시됩니다.

▶ 반면, 호주에서 재배된 소맥 원료를 호주 현지에서 밀가루로 가공하였고, 이를 국내로 수입하였다면 수입 통관시의 원산지에 따라 '밀가루(호주산)'으로 표시됩니다.

　‥‥‥ **원재료명과 원산지 표시, 사례를 통해 이해하기**

앞에서 나열한 원재료명 및 원산지 표시 규정과 예시가 충분히 이해된다면, 여러 제품 사례를 통해 반복해 보는 것이 중요합니다.

다음에서는 예시 제품을 통해 해당 규정이 어떻게 적용되었는지를 알아보겠습니다.

예시 1)

▶ 제품 스펙

원재료명	원산지	배합비
사과농축액	터키산	60%
정제수		30%
배농축액	배: 국산	8%
포도농축액	미국산	1.5%
구연산		0.5%

원재료명 및 원산지

→ 사과농축액(터키산), 정제수, 배농축액(배: 국산), 포도농축액(미국산), 구연산

〈why?〉
정제수는 원산지 표시 대상이 아니므로, 배합비 기준 1순위 원료는 사과농축액, 2순위 원료는 배농축액임.
사과농축액과 배농축액의 배합 함량은 68%로 98% 미만이므로, 본 제품은 3순위 원료까지 원산지 표시를 하여야 함.

예시 2)

▶ 제품명: 우리쌀떡볶이 / 식품의 유형: 즉석조리식품

1차 원재료				2차 원재료			
원재료명	식품유형	배합비	원산지	원재료명	식품유형	배합비	원산지
떡		50	국내제조	쌀		99	국산
				정제수		0.5	
				정제소금	정제소금	0.5	국산
고추장	고추장	15	중국산	고춧가루		60	
				보리가루		30	
				소금		9	
				종국	식품첨가물	1	
간장	간장	10	국내제조	대두		90	외국산: 호주, 미국, 프랑스 등
				소금		9	국산
				종국		1	
설탕	설탕	9	국내제조				
물엿	물엿	6	국내제조				
간 마늘	농산물가공품	5	국내제조	마늘		99	국산
				구연산		1	
생강분말	농산물가공품	4.8	중국산	생강		90	
				변성전분	식품첨가물	10	
전분혼합제제	혼합제제류 식품첨가물	0.2	중국산	변성전분	식품첨가물	90	
				구연산		10	
		100					

원재료명 및 원산지

→ 떡{쌀(국산), 정제소금}, 고추장(중국산)(고춧가루, 보리가루, 소금, 종국), 간장{대두 (외국산: 호주, 미국, 프랑스 등), 소금(국산), 종국}, 설탕, 물엿, 간마늘(마늘, 구연산), 생강분말, 혼합제제(변성전분, 구연산)

1. 본 제품의 원산지 표시 대상인 1차 원료는 떡, 고추장, 간장임(상위 2개의 원료 배합 함량의 합이 98% 미만이므로, 원료 3가지에 대해 원산지를 표시함).
2. 떡의 원산지 표시: 떡은 복합원재료이고, 떡을 구성하는 쌀이 떡 기준 배합비율이 98%이므로 쌀 1가지 원료에 대해서만 원산지 표시.
3. 고추장 원산지 표시: 고추장이 복합원재료이나 수입된 원재료이므로 고추장의 수입통관시의 원산지를 표시
4. 간장의 원산지 표시: 간장이 복합원재료이므로 간장의 원료인 대두, 소금에 대한 원산지를 표시

6 ····· '원재료에 들어 있는', '혼입될 수 있는' 알레르기 유발물질 구분하기

원재료명 및 함량 표시란에는 제품에 사용한 원재료에서 직접 유래된 알레르기 유발물질을 아래와 같이 표시하여야 합니다.

예시

달걀, 우유, 새우, 이산화황, 조개류(굴) 함유

위와 같은 방법으로 원재료명 및 함량 표시란에 표시하는 알레르기 유발물질은 영어로 표현한다면 'Contain'입니다. 즉, 해당 제품에 알레르기 유발물질이 양에 관계없이 포함되어 있다는 의미입니다. 따라서 해당 표시는 절대 누락되지 않도록 유의하여야 합니다.

원재료명 및 함량 표시란에 알레르기 유발물질을 표시하는 경우 외에 '주의사항 표시란'에 '이 제품은 알레르기 발생 가능성이 있는 메밀을 사용한 제품과 같은 제조 시설에서 제조하고 있습니다', '메밀 혼입 가능성 있음', '메밀 혼입 가능'과 같은 문구를 표시하는 경우도 있습니다.

이러한 경우를 '알레르기 유발물질의 비의도적 혼입 주의 표시'라고 하는데, 아래와 같은 경우가 해당될 수 있습니다.

① 영업소(장)에서 동일 제조 시설을 이용하여 다수의 제품을 생산할 때, 직전 생산 제품에 포함된 알레르기 유발물질이 CIP 공정을 거치더라도 완벽히 제거되기 어렵고, 해당 물질이 후속 생산 제품에 섞여 들어갈 가능성이 있는 경우

② 원재료 보관 창고에서 분말 비산 등의 이유로 다른 제품에 의도하지 않게 알레르기 유발물질이 들어갈 수 있는 경우 등

즉, 제품 제조과정에서 의도적으로 직접 투입하지는 않았지만, 모든 제조과정에서 혼입 가능성이 있는 알레르기 유발물질이 있다면 주의사항 문구를 활용하여 해당 물질이 혼입될 수 있음을 안내하는 것입니다.

원재료명에 표시하는 알레르기 유발물질을 누락한 경우라면 즉시 행정처분의 대상이 되지만, 알레르기 유발물질의 혼입 가능성 문구가 누락되었다 하여 즉시 표시 기준 위반이라고 보기 어렵습니다.

왜냐하면 실제 원재료 보관 장소 또는 생산 시설 등이 정확히 분리되어 있어 알레르기 유발물질이 상호 교차 혼입될 우려가 없다고 판단하는 경우에는 해당 표시를 하지 않을 수도 있으므로 해당 표시 자체가 없다고 하여 무조건 행정처분 대상이 될 수 없다는 의미입니다.

그러나 해당 주의 문구가 없는 제품을 특정 원재료에 알레르기가 있는 소비자가 섭취하고 건강상의 위해가 발생하였음이 밝혀지는 경우라면 알레르기 유발물질의 비의도적 혼입에 대한 주의문구를 표시하지 않았던 것으로 판단, 행정제제를 받을 수 있습니다.

〈표시 예시〉

A제품, B제품 동일 제조시설 이용 가정할 경우(A제품 생산 후 CIP하고 B제품 생산)

구분	표시 위치	A제품	B제품
알레르기 유발물질 표시	원재료명 표시란 근처	메밀, 대두 함유	밀, 토마토 함유
혼입될 우려가 있는 알레르기 유발물질 표시	주의사항	밀, 토마토 혼입 가능성 있음	메밀, 대두 혼입 가능성 있음

TIP
비의도적으로 혼입될 우려가 있는 알레르기 유발물질을 주의사항으로 표시할 때에는 해당 제품에 들어 있는 알레르기 유발물질은 표시하지 않습니다.

[관련 규정]

식품표시광고법 시행규칙 별표 2

1. 알레르기 유발물질 표시

   식품등에 알레르기를 유발할 수 있는 원재료가 포함된 경우 그 원재료명을 표시해야 하며, 알레르기 유발물질, 표시 대상 및 표시방법은 다음 각 목과 같다.

   가. 알레르기 유발물질

   　알류(가금류만 해당한다), 우유, 메밀, 땅콩, 대두, 밀, 고등어, 게, 새우, 돼지고기, 복숭아, 토마토, 아황산류(이를 첨가하여 최종 제품에 이산화황이 1킬로그램당 10밀리그램 이상 함유된 경우만 해당한다), 호두, 닭고기, 쇠고기, 오징어, 조개류(굴, 전복, 홍합을 포함한다), 잣

   나. 표시 대상

   　1) 가목의 알레르기 유발물질을 원재료로 사용한 식품등

   　2) 1)의 식품등으로부터 추출 등의 방법으로 얻은 성분을 원재료로 사용한 식품등

   　3) 1) 및 2)를 함유한 식품등을 원재료로 사용한 식품등

   다. 표시방법

   　원재료명 표시란 근처에 바탕색과 구분되도록 알레르기 표시란을 마련하고, 제품에 함유된 알레르기 유발물질의 양과 관계없이 원재료로 사용된 모든 알레르기 유발물질을 표시해야 한다. 다만, 단일 원재료로 제조·가공한 식품이나 포장육 및 수입 식육의 제품명이 알레르기 표시 대상 원재료명과 동일한 경우에는 알레르기 유발물질 표시를 생략할 수 있다.

   (예시)

달걀, 우유, 새우, 이산화황, 조개류(굴) 함유

2. 혼입(混入)될 우려가 있는 알레르기 유발물질 표시

   알레르기 유발물질을 사용한 제품과 사용하지 않은 제품을 같은 제조 과정(작업자, 기구, 제조라인, 원재료보관 등 모든 제조과정을 포함한다)을 통해 생산하여 불가피하게 혼입될 우려가 있는 경우 "이 제품은 알레르기 발생 가능성이 있는 메밀을 사용한 제품과 같은 제조 시설에서 제조하고 있습니다", "메밀 혼입 가능성 있음", "메밀 혼입 가능" 등의 주의사항 문구를 표시해야 한다. 다만, 제품의 원재료가 제1호가목에 따른 알레르기 유발물질인 경우에는 표시하지 않는다.

7 ⸺ 영양성분의 오차범위와 과태료 리스크 관리 방법

영양성분을 의무적으로 표시하여야 하는 제품과 자율적으로 영양성분을 표시된 제품에 관계없이 모든 영양성분이 표시된 제품에 대해서는 제품을 제조, 수입, 유통한 영업자에게 그 수치를 보증하고 관리할 의무가 있습니다. 하지만, 식품은 원재료의 수확 시점, 계절 등의 영향을 받아 영양성분의 함량이 달라질 수 있고, 유통 중 함량의 변화가 발생할 수 있기 때문에 허용오차를 아래와 같이 운영합니다.

> 영양성분 표시량과 실제 측정값의 허용오차범위
> 1. 열량, 나트륨, 당류, 지방, 트랜스지방, 포화지방, 콜레스테롤: 표시량의 120% 미만
> 2. 탄수화물, 식이섬유, 단백질, 비타민, 미네랄: 표시량의 80% 이상
>
> 단, 식품공전이나 축산물 공전에서 성분규격이 '표시량 이상'으로 규정되어 있는 경우라면 실제 측정값이 '표시량 이상', '표시량 이하'로 되어 있다면 '표시량 이하'로 관리되어야 함.

영양성분별 오차범위는 오랜 기간 동안 동일한 기준치로 운영되어 왔지만, 늘 오차범위를 초과하는 제품들에 대한 이슈가 오랜 기간 동안 제기되어 왔습니다.

식품 특성상 원재료의 수급 시기, 작물 재배 지역, 축산물 등의 사육 개체 등에 따라 영양성분 함량 차이가 발생하는 경우가 부지기수이고, 영업자 입장에서 영양성분을 항상 일정하게 유지하는 것이 어렵기 때문입니다.

따라서 표시기준에서는 식품등 시험검사기관 또는 축산물 시험기관 등에서 1년마다 검사한 평균값과 표시된 값의 차이가 위의 허용오차범위를 벗어나지 않는 경우 허용오차를 벗어나지 않은 것으로 인정하여 과태료 처분 대상에서 제외하고 있으므로, 영양성분을 표시하고 있는 영업자라면 가능한 해당 제도를 활용하여 영양성분오차로 인한 법률 위반 리스크를 관리하는 것이 합리적일 것입니다.

4) 영양성분 표시량과 실제 측정값의 허용오차 범위
  가) 열량, 나트륨, 당류, 지방, 트랜스지방, 포화지방 및 콜레스테롤의 실제 측정값은 표시량의 120% 미만이어야 한다.
  나) 탄수화물, 식이섬유, 단백질, 비타민, 무기질의 실제 측정값은 표시량의 80% 이상이어야 한다.
  다) 가) 및 나)의 규정에도 불구하고 「식품위생법」 제7조 및 「축산물 위생관리법」 제4조의 규정에 따른 「식품의 기준 및 규격」의 성분규격이 "표시량 이상"으로 되어 있는 경우에는 실제 측정값은 표시량 이상이어야 하고, 성분규격이 "표시량 이하"로 되어 있는 경우에는 표시량 이하이어야 한다.
  라) 실제 측정값이 가)부터 다)까지 규정하고 있는 범위를 벗어난다 하더라도 다음의 어느 하나에 해당하는 경우에는 허용오차를 벗어난 것으로 보지 아니한다.
    (1) 실제 측정값이 2)나)의 영양성분별 세부표시방법의 단위 값 처리 규정에서 인정하는 범위 이내인 경우
    (2) 다음 중 어느 하나에 해당하는 2개 이상의 기관((가) 또는 (나)에 해당하는 기관을 1개 이상 포함하여야 한다)에서 1년마다 검사한 평균값과 표시된 값의 차이가 허용오차를 벗어나지 않은 경우
    (가) 식품과 건강기능식품: 「식품·의약품 분야 시험·검사 등에 관한 법률」 제6조제2항제1호에 따른 식품 등 시험·검사기관
    (나) 축산물: 「식품·의약품 분야 시험·검사 등에 관한 법률」 제6조제2항제2호에 따른 축산물 시험·검사기관
    (다) 「국가표준기본법」에서 인정한 시험·검사기관

8 ····· 분리배출 표시 생략 조건

최근 밀키트 등의 HMR 제품이 다양하게 출시되면서 세트포장에 대한 표시기준 적용 문의가 급속도로 증가하고 있습니다.

시장이 확실하지 않은 상황에서 다양한 제품을 출시하다 보니 내포장지 재고관리 또한 녹록치 않은 상황이라 표시가 하나도 기재되어 있지 않은 일명 무지 내포장지의 사용을 원하는 경우가 있는데, 이때 분리배출마크 표시에 대한 문의가 심심치 않게 발생합니다. 아마도 식품등의 표시기준에서는 세트포장 제품을 구성하는 각 개별 제품에는 표시사항을 생략할 수 있다는 규정이 명확히 안내되어 있는 데에 반하여 분리배출 마크 표시에 대해서는 아직 규정에 대한 이해가 높지 않은 것이 원인일 수도 있겠습니다.

이해하기 쉽도록 시중 유통되는 세트 포장된 제품인 우동을 예로 설명하자면, 우동 외포장지를 뜯었을 때 내부에는 각기 내포장된 우동, 우동스프, 건더기 스프 등이 포함되어 있고 각기 생산된 우동, 건더기 스프, 가쓰오부시 등 부속품을 세트 포장한 경우라면, 아래의 2가지의 경우 내포장지에 대한 분리배출마크 표시를 생략할 수 있습니다.

① 우동, 스프 제품 등에 일체의 표시가 되어 있지 않은 경우
② 우동, 스프 중 포장재 표면적이 50제곱센티미터(필름 포장재는 100㎠ 미만)과 내용물의 용량이 30㎖ 또는 30g 이하인 경우

분리배출 표시 적용 예외

구분	적용 예외 대상
분리배출 표시 적용 예외	- 무표시 포장재 → 포장재의 표면에 인쇄, 각인 또는 라벨 등 일체의 표시를 하지 않는 필름·시트형 포장재 - 포장재 표면적이 50제곱센티미터(50㎠) 미만(필름 포장재의 경우 100제곱센티미터(100㎠) 미만)인 경우 - 내용물의 용량이 30밀리리터(30㎖) 또는 30그램(30g) 이하인 포장재 - 소재·구조면에서 기술적으로 인쇄·각인 또는 라벨 부착 등의 방법으로 표시를 할 수 없는 포장재 - 랩 필름(두께가 20마이크로미터(20㎛) 미만인 랩 필름형 포장재) - 사후관리 서비스(A/S) 부품 등 일반 소비자를 거치지 않고 의무생산자가 직접 회수·선별하여 배출하는 포장재
분리배출 표시 중 일괄 표시 적용 예외	식품표시광고법에 따라 합성수지재질의 용기·포장재에 대한 재질 표시를 한 경우 구성부분의 명칭과 재질명(일괄표시 부분) 표시 생략 가능

제4장

블로그, 유튜브, 인스타, 라이브커머스 방송 등 온라인 광고 실무 가이드라인

1 ..... 마케팅 회사와 계약한 인플루언서, 마케터의 과대광고와 처벌 정도

불과 5년 전만 해도 제가 상담하거나 의뢰받은 사건들의 대부분은 신문 등의 지면 광고에 대한 과대광고 기준과 이에 대한 기소 사건이었습니다. 특히 2018년 헌법재판소에서 위헌 결정을 받았던 사전심의 사건도 부산 지역에서 한 건강기능식품 판매 영업자가 2016년도에 신문 광고 게재하면서 심의 받은 내용과 다르게 광고를 했다가 적발된 사건이었습니다. 하지만 이미 대세라고는 했지만 식품의약품안전처 등에서 온라인 과대광고에 대해서 집중적으로 단속을 한 것은 불과 얼마 되지 않습니다. 특히 유튜브, 인스타그램 등을 활용한 인플루언서나 마케팅에 대해서는 더더욱 최근 2~3년이 단속의 시작이라고 해도 과언이 아닙니다.

온라인 마케팅의 효시는 역시 블로그입니다. 아마 블로그를 해 보신 분들은 아시겠지만 매일 블로그 마케팅 전문회사로부터 쪽지나 스팸 메일이 끊임없이 수신함을 채웁니다. 블로그만 빌려주면 아예 관리까지 다 해 준다거나 본인들이 제시하는 글을 그대로 게재만 하면 된다는 등 제안 내용도 매우 다양합니다. 실제로 우리가 포털사이트를 통해 검색하면 가장 최상위에 오르게 되는 거의 모든 정보가 순수한 블로거의 글이라기보다는 비용을 지불받은 블로거나 블로그 마케팅 회사가 작성한 글일 확률이 높습니다. 이미 오래전부터 아예 온라인 광고대행업체들이 일반 블로거를 모집해서 이런 업무를 진행해 왔다는 건 이미 일반인들에게까지 알려져 있습니다.

2016년 한 온라인 마케팅 대행업체 대표와 계약된 블로거, 광고를 의뢰한 업체가 기소된 사건이 있었습니다. 건강기능식품을 판매하기 위해 식품업체가 대행업체에 의뢰하자, 대행업체는 회원으로 등록된 블로거 중 일부에게 해당 업무를 맡겼는데, 그 블로거가 아이도 없는 미혼이면서 허위로 "아이가 먹었는데 굉장히 좋아한다"는 내용의 허위로 작성된 글을 올림과 동시에 당시 구 건강기능식품에 관한 법률에서 금지하고 있는 체험기 광고로 의심된다는 이유가 공소장의 핵심 내용이었습니다. 다만 건강기능식품 판매업체는 과대광고 방지를 위해 사전심의 받은 내용을 대행업체에 분명하게 전달했고, 과대광고 금지 조항을 위반할 경우 온라인 마케팅 대행업체와 계약이 해지된다는 계약서도 있었으며, 마지막으로 과대광고로 의심되는 글을 게재한 블로거들에게 보냈던 이메일과 내용증명까지 보관하고 있었습니다.

당시 재판부에서는 체험기 부분에 대해서는 크게 문제 삼지 않았고, 사실과 다른 내용의 글을 게재한 블로거에 대해 건강기능식품 판매영업자에게도 책임을 물을 수 있는지가 쟁점이었습니다. 결과적으로 사전에 철저한 준비와 예방을 위해 노력했던 영업자는 계약서에 "마케팅 진행시 과대선전, 허위사실 등의 유포 단속에 온라인 마케팅 대행업체에 최대한 협조 한다"는 내용이 포함되어 있었고, 광고를 의뢰한 내용에 허위 체험기 등 소비자를 기만하거나 오인·혼동시킬 우려가 있는 내용은 포함되지 않았다는 등의 이유로 무죄를 선고 받았습니다. 하지만 블로거는 당연히 유죄를 선고받았습니다.

이후 블로그보다 유튜브, 페이스북, 인스타그램 등을 통해 인플루언서라는 용어가 생겼고, 그들은 연예인을 포함해서 일반인이지만 소비자에게 영향력을 크게 미칠 수 있다는 이유로 식품 마케팅에 활용도가 매우 커지고 있는 상황입니다. 실제로 SNS를 즐기는 사람들의 얘기를 들어보면 해당 제품에 대한 정확한 정보를 알지 못하거나 아예 관심도 없이 인플루언서들이 사용한다는 광고만 믿고 구매하는 경향이 매우 크고, 이런 점을 활용하기 위해 최근에는 아예 인플루언서 마케팅과 판매만 전문으로 하는 업체도 등장했고, 필자도 이미 그런 회사와 상담을 진행했던 사례도 있었습니다.

  인플루언서가 판을 치는 인스타그램, 유튜브 광고가 기존 오프라인 혹은 온라인 광고와의 차이점은 바로 단속 기관에서 정상적인 방법으로 감시하기가 거의 불가능하다는 점입니다. 이런 이유가 가장 큰 장점으로 부각되어 타깃광고로 지칭되는 인스타그램과 유튜브 광고는 일반 식품 광고에서는 상상도 못할 내용을 내보내면서 인기 상품을 배출해 내기도 했었습니다. 하지만 한계는 어디에나 있습니다. 식품업계에 만연한 경쟁자 고발정신으로 일반 소비자들이나 식품의약품안전처 등 행정기관이 하지 못하는 것들을 경쟁 회사들이 자사 제품 매출 향상을 위해 경쟁사 광고를 모니터링하고 고발하면서 소위 '물귀신 작전'으로 함께 수사기관에 소환되고 있습니다. 물론 소비자단체와 식품의약품안전처에서도 인스타그램, 유튜브를 통해 활약하는 인플루언서들을 고발조치하고 매월 수백 건의 과대광고를 적발해서 사이트 차단 등 적극적인 조치를 하고 있는 실정입니다. 특히 사전심의를 받아야 하는 건강기능식품보다는 일반식품이 과대광고가 만연해 있다는 점도 주의해야 합니다.

  그런데 여기서 끝이 아니었습니다. 네이버, 쿠팡, 카카오 등 온라인 쇼핑 시장을 주도하는 모든 회사들이 빠짐없이 시행하고 있는 것이 바로 라이브커머스입니다. 판매자가 아프리카TV BJ처럼 혹은 TV홈쇼핑의 쇼핑호스트처럼 나와 자신 혹은 의뢰받은 물건을 판매하는데 바로 라이브, 즉 실시간으로 교감 및 소통하는 방법입니다. 여기에 신생 스타트업 GRIP도 가세해 2020년 매출이 240억에 달할 정도로 급성장하고 있습니다. 라이브커머스 역시 인스타그램이나 유튜브 광고처럼 1회성이고, 해당 방송 영상이 업체가 노출하지 않는 한 일반인이 검색이나 보관할 수 없어 과대광고에 대한 감시·감독이 매우 어렵습니다. 한국소비자원에서 모니터링 했다면서 보도 자료를 낼 정도로 서서히 주목을 받고 있는 라이브커머스 방송에 대한 TV홈쇼핑 회사들의 견제도 언젠가 시작될 것입니다.

그런데 아직까지는 온라인 마케팅에 대한 처벌수위가 높지 않아 걱정할 필요는 없습니다. 일반 마케터의 경우 초범이면 거의 벌금 300만 원 이하로 선고될 가능성이 매우 크고, 심지어 블로그 플랫폼사인 네이버, 유튜브나 인스타그램 운영사인 페이스북, 라이브커머스 플랫폼 그립이 처벌받았다는 소리는 들어본 적이 없습니다. 아직 식품 관련 법령에 따른 영업자도 아니기 때문에 행정처분이나 식품영업자가 가장 두려워하는 판매금액에 상응하는 과징금 부과 대상도 아닙니다. 하지만 계속 안심할 수는 없을 겁니다. 쿠팡이 미국에 상장되면서 라이브 커머스를 포함한 온라인 광고 플랫폼 회사에 대한 관심이 고조되면서 관련 규제는 계속해서 강화될 것입니다.

지금은 전자상거래 등에서의 소비자보호에 관한 법률에 따라 통신판매업 또는 통신판매중개업 신고를 하면 그것으로 끝이지만 앞으로 식품 판매에 대해서 식품관련 법령에서 정하는 영업자가 되면 영업자가 가장 두려워하는 과징금 부과 대상이 될 수 있기 때문에 국회 등에서 관련 논의가 더욱 구체화될 것으로 예상합니다.

② ····· 온라인 광고 당사자에 대한 단속과 처벌 절차의 이해

　　　　　　SNS 등 온라인 마케팅을 통한 판매가 급격히 증가하면서 지면이나 방송 매체에 대한 과대광고보다 온라인 광고에 대한 관리의 필요성이 증대되고 있습니다. 이런 이유로 식품의약품안전처도 사이버조사단이라는 조직을 새롭게 만들어서 각종 과대광고를 색출해서 고발 및 행정처분 의뢰를 하는 등 활발하게 움직이고 있으며, 여기에 2018년부터는 식품 등의 표시·광고에 관한 법률까지 제정해서 종합적인 대응을 준비해 왔습니다. 거기에 소비자들의 태도도 과거와는 확연히 달라졌는데, SNS로 유명해진 모 회사의 임원이 곰팡이가 생길 정도로 문제가 있는 호박즙 제품을 판매하다가 소비자의 적극적인 항의로 인해 결국 백기를 들고 판매한 제품 전액에 대한 환불을 실시했습니다. 이제는 온라인 광고시대입니다. 온라인 과대광고에 대한 수사나 처벌도 기존과 크게 다르지는 않습니다.

　온라인 식품사범에 대한 수사가 늘고 있는 추세입니다. 상담한 사건 중 경기도 한 지역에서는 대형마트에서 반찬을 판매하는 업체가 유통기한을 임의로 변조하여 약 3000여만원의 매출을 올린 것에 대해 구속영장이 발부된 사례도 있었으며, 수사기관에서 식품 사건에 대해서 구속영장을 신청하는 일이 잦아졌습니다. 이에 대해 영업자들은 적절한 대응책을 세우지 못하다가 낭패를 보는 경우가 많이 발생하고 있는데, 대표적인 것이 전체 식품 사건의 평균 벌금액이 600만원 전후이므로 과거 식품위생법의 경험이 있는 영업자는 본인의 범죄에 대해 과소평가한 나머지 벌금형을 예상하고 있다가 수사관이 자백하고 모든 것을 인정하면 큰 문제가 안 된다는 회유에 넘어가 실제 구속신청이 되어 필자를 찾아오는 경우도 있었습니다.

실제 사건발생 시 수사기관입장에서 '초동수사'가 매우 중요한 것처럼 비록 위법을 저질러 범행을 한 것은 맞지만 그렇다하더라도 피의자신문조서 진술 또는 확인서 서명 등 처음부터 적절한 대응을 하지 않거나 간혹 발생하는 수사기관의 절차상 위법을 묵과했다가 추후 재판에서 돌이킬 수 없는 상황이 벌어지는 경우가 많습니다. 모든 사건은 살아있는 생물과도 같아 각 단계마다 적절한 대응을 하지 않을 경우 재판정에서 자신이 괴물이 되어버린 상황이 될 수도 있습니다. 반드시 전문가와 초기 대응부터 함께 상의해야만 합니다.

식품 수사는 현재 다행스럽게도 식품의약품안전처가 아닌 일선 경찰이 담당하고 있습니다. 2019. 3. 14. 식품 등의 표시·광고에 관한 법률이 시행되었지만 식품 등의 표시·광고에 관한 법률을 위반한 경우 식품의약품안전처 위해사범중앙조사단에서 직접 수사를 할 수가 없습니다. 위해사범중앙조사단소속 수사관들은 사법경찰관리의 직무를 수행할 자와 그 직무범위에 관한 법률에 따라 특별사법경찰관리로 지정되었고, 사법경찰관리의 직무를 수행할 자와 그 직무범위에 관한 법률 제6조 제6호와 제7호에서 위해사범중앙조사단에서 수사할 수 있는 법령들을 나열하고 있는데, 여기에 식품 등의 표시·광고에 관한 법률이 포함되어 있지 않아서 현재 두 법령 위반을 식품의약품안전처가 인지하고서도 이를 직접 수사하지 못하고, 전문성이 전혀 없는 경찰에 고발조치를 해야 하는 실정입니다. 그래서 민원인의 고발이나 사이버조사단의 자체 조사로 인지한 사건을 제일 명확하게 파악하고 있는 식품의약품안전처가 직접 수사를 못하고, 경찰에 단순 고발조치를 하는 것으로 마무리되는데, 사실 식품의약품안전처에서도 매일 수백 건도 적발할 수 있는 온라인 광고를 직접 처리하는데 무리가 있다는 현실적인 이유로 이런 상황을 굳이 바꾸고 싶지는 않을 거란 생각도 듭니다.

어쨌든 현재는 각 지방자치단체와 식품의약품안전처의 사이버조사단을 통해 단속되거나 각종 민원, 고발 등으로 접수된 사건은 무조건 영업자 관할 경찰서로 고발 조치됩니다. 그러면 일정 기간 후 영업자에게 소환 요청이 오면서 수사가 시작됩니다. 그리고 최근 검찰과 경찰의 수사권 조정으로 과거에는 일단 경찰에서 수사 후 검찰에 송치를 하면 무혐의 처분, 기소 유예 등을 검사가 결정했는데 이제는 경찰에서 무혐의 판단이 가능하도록 변경되었으므로 경찰의 초기 수사 단계부터 적극적으로 방어권을 행사하는 것이 더욱 중요해졌습니다. 이럴 때 경찰은 과대광고에 대한 수사경험이 부족하기 때문에 식품의약품안전처에 근무한 경험이 있는 전문변호사가 과거 무혐의 처분 사례와 각종 판례 등을 포함시킨 의견서를 제출하면 굉장히 큰 효과가 있었습니다.

3 ····· 라이브커머스 방송 광고의 현실적 문제와 대안

　　　라이브커머스 방송을 직접 하면서 당연히 먼저 진행하는 유명 연예인부터 방문자나 팔로워수가 많은 진행자까지 다양한 식품 판매 방송을 모니터링 해 보았습니다. 한국소비자원은 2021. 3. 보도 자료를 통해 라이브커머스에서 부당광고가 25%에 해당된다고 공개했는데, 사실 개인적으로는 과반수 이상이라고 생각합니다. 특히 식품의 경우 건강기능식품은 사전심의 내용에 따른 광고만 가능하다는 사실을 판매자들이 알고 있는지 의심스러웠으며, 일반식품은 그야말로 제품 판매 정보부터 과대광고로 의심되는 부분이 많았습니다.

　하지만 중요한 것은 판매자들과 그들에게 시스템을 제공하는 업체들이 식품 과대광고에 대한 간단한 법령 정보조차 모르는 경우가 대부분일 것이며, 설사 알고 있다 해도 현재 신문 지면 광고가 과대광고일 경우 신문사를 처벌하지 못하는 것처럼 플랫폼 제공 회사도 처벌대상에서 제외될 확률이 크다는 현실과 판매자 매출이 결국 수수료로 직결되는 상황이라는 점을 고려하면 양심이나 사회적 책임만으로 자가 검열을 기대하기는 어려워 보입니다.

　우선 라이브커머스 방송을 직접 진행하는 진행자의 측면에서 살펴보면 1시간가량 진행되는 실제 방송이 시작되면 진행자는 흥분상태가 되고, 대본도 없는 상황에서 판매하는 기본 식품에 대한 정확한 정보와 지식이 부족한 상황에서 판매에 급급한 나머지 자신이 계획하지 않았거나 제대로 알지 못하는 상황에서 얼마든지 과대광고로 분류될 수 있는 멘트를 할 수 있을 것입니다. 다만, 이 과대광고 멘트도 수사기관에서 전체 정황을 고려할 경우 일시적인 착각이나 오해, 부주의 혹은 경미한 과실이라면 처벌 대상에서 제외될 수 있습니다. 하지만 광고를 위한 판넬을 준비했거나 지속적인 과대광고 멘트 등은 분명히 의도적인 것으로 보이기 때문에 방송 진행자 혹은 판매자도 처벌받을 수 있습니다.

물론 지금까지 TV홈쇼핑에서 쇼핑호스트가 과대광고로 직접 수사를 받거나 기소되어 형사 처벌을 받은 사례는 없었습니다. 하지만 TV홈쇼핑의 경우 회사 내부에 광고 내용을 모니터링하고 사전에 검토하는 심의팀이 존재하고, 필자와 같은 외부 전문가를 활용하여 이중, 삼중으로 체크합니다. 그럼에도 불구하고 방송통신위원회로부터 행정처분을 받기 때문에 홈쇼핑 허가 갱신을 위해서 과대광고로 인한 행정처분을 방지하기 위한 노력은 끝이 없습니다. 그러나 라이브커머스 방송은 어떨까요? 일단 네이버, 쿠팡 등도 규제 기관이 없다는 사실을 잘 알고 있습니다. 이미 대형로펌을 통해 관련 법령 위반에 대한 검토가 끝났을 것이며, 현행 제도의 허점을 알고 있기 때문에 지금은 과대광고에 대해 자체적으로 큰 관심이 없습니다.

2020년말 온라인플랫폼 불공정행위 근절을 위해 행정기관 중에서 가장 큰 과징금을 부과하기 때문에 소송도 많은 공정거래위원회가 온라인판 공정거래법 제정안을 만들었다고 합니다. 2021년 1분기에 국회에 제출할 계획이라고 하는데, 소위 플랫폼 기업에 대한 규제가 터지지 않았을 뿐 현재 화산 폭발 전 용암과 같은 상태라고 할 수 있습니다. 게다가 2021. 2.에 양정숙 의원이 전자상거래 등에서의 소비자보호에 관한 법률 일부개정안을 발의하면서 과대광고가 포함된 플랫폼 기업의 책임에 대해 점점 압박이 강화될 전망입니다.

그렇다면 라이브커머스 플랫폼 회사들은 어떤 대응을 할 수 있을까요? 결론적으로 말하면 철저한 교육과 예방이 실질적으로 선행되어야 하고, 그에 따른 입증 자료를 준비해야 합니다. 식품관련 법령 등에서 양벌규정에 따라 담당자가 잘못하면 회사도 처벌하는 규정이 있는데 거기에 단서 조항이 있어 열심히 관리·감독 잘하는 회사는 처벌을 면제해 줍니다. 바로 이런 제도처럼 수사기관에서 처벌하기 위해서는 고의로 알지 못했고, 중과실이 없으며, 사건 방지 및 예방을 위해 얼마나 노력했는지를 가장 중요한 쟁점으로 생각합니다. 결국 전문가에게 도움을 요청해서 미리 대비하는 것이 절실합니다.

4 ···· 일반식품의 건강 정보 제공 광고 가이드라인

지금 시장을 주도하는 것은 단순히 생명연장을 위해 삼시 세끼를 위해 섭취하는 식품이 아니라 건강을 위해서 섭취하는 건강보조식품 내지 건강기능식품입니다. 건강기능식품의 경우 건강기능식품에 관한 법률에 따라 식품의약품안전처에서 엄격하게 관리하고 있기 때문에 사실 제품 품질이나 과대광고 사건이 일반식품 사건에 비해 전무하다고 해도 과언이 아닙니다.

그런데 기타가공품이나 음료 등의 형태로 판매되는 일반식품은 종류도 다양한 만큼 제품 원료부터 광고 내용까지 정말 다양해서 일괄적으로 광고 가이드라인을 제시하기 어려울 수 있지만 기본적으로는 식품 등의 표시·광고에 관한 법률 제8조를 위반하지 않는 것입니다. 우선 정확하게 조항부터 아래 표를 통해 살펴보겠습니다.

제8조(부당한 표시 또는 광고행위의 금지) ① 누구든지 식품등의 명칭·제조방법·성분 등 대통령령으로 정하는 사항에 관하여 다음 각 호의 어느 하나에 해당하는 표시 또는 광고를 하여서는 아니 된다.
1. 질병의 예방·치료에 효능이 있는 것으로 인식할 우려가 있는 표시 또는 광고
2. 식품등을 의약품으로 인식할 우려가 있는 표시 또는 광고
3. 건강기능식품이 아닌 것을 건강기능식품으로 인식할 우려가 있는 표시 또는 광고
4. 거짓·과장된 표시 또는 광고
5. 소비자를 기만하는 표시 또는 광고
6. 다른 업체나 다른 업체의 제품을 비방하는 표시 또는 광고
7. 객관적인 근거 없이 자기 또는 자기의 식품등을 다른 영업자나 다른 영업자의 식품등과 부당하게 비교하는 표시 또는 광고

위 표에서 볼 수 있듯이 질병의 예방·치료에 효능이 있거나 의약품으로 인식되도록 광고해서는 아니 되며, 건강기능식품으로 오인되도록 해서도 안 됩니다. 전문가로서 일반 식품의 부당한 광고의 기준은 식품 등의 표시·광고에 관한 법률 시행령 제3조 제1항과 관련된 [별표1] 부당한 표시 또는 광고의 내용이라고 말씀드릴 수 있습니다. 구 식품위생법 시행규칙에 있던 과대광고 기준을 거의 그대로 옮겨 온 것인데, 일단 일반 식품에 대해서는 섭취 후 의약품처럼 효과가 있을 수도 없고, 있어서도 아니 되며 건강기능식품처럼 권장 섭취량이 규정되지 않아 영업자들로서는 어려움이 많은 것도 사실입니다.

과거에는 일반 식품의 유용성이라고 해서 일부 건강 증진이나 유지에 도움이 될 수 있다는 광고 등을 제외하면 거의 과대광고로 구분되었고, 구체적인 질병명칭이나 효능 등을 언급하는 것도 마찬가지였습니다. 특히 온라인 광고를 처음 시행하는 영업자의 경우 소비자가 남긴 댓글은 자신이 한 광고가 아니라 신경 쓰지 않고, 그대로 두는 경우가 있는데, 적발되면 반드시 처벌 받습니다. 다만 라이브커머스 방송의 경우 실시간으로 소비자가 댓글을 달 때 이를 제재하거나 방지할 방법이 전무한 상황이라 앞으로 이런 사건이 발생할 때 법원이 어떤 판결을 내릴 지 궁금해지기도 합니다.

일반식품을 광고하면서 직접적으로 제품에 대한 과대광고를 할 수 없기 때문에 가장 많이 활용되는 것이 건강정보입니다. 예를 들어 호박 음료를 판매하는데, 호박 음료가 붓기에 좋다고 광고하는 것 자체가 과대광고기 때문에 원료인 호박의 기본적인 의학정보를 별도로 제공하는 방법입니다. 과대광고 판단 여부가 매우 애매하긴 한데, 일단 법원의 판결에 따르면 제품과 분리해서 정보를 제공할 경우 과대광고가 아니라고 판단한 사례가 많고,

최근 헌법재판소조차 일반 원료에 대한 건강정보를 제공했다가 기소유예 처분을 받았던 사건에 대해 그 처분을 취소하면서 원료 자체에 대한 건강정보가 무조건 과대광고는 아니라고 판단했습니다(2017헌마1156 사건으로 제5장에 판결문 소개). 참 기준이 애매해서 모든 사례에 적용된다고 말할 수는 없지만 일단 영업자에게 매우 유리한 결정이기 때문에 반드시 숙지해야 되고, 전문가에게 도움을 받을 필요가 있습니다.

5 ····· 일반식품의 건강기능식품 오인 광고 가이드라인

가장 어려운 식품 사건이 일반식품의 건강기능식품 오인·혼동 과대광고 사건입니다. 현실적으로 소비자들은 식품의약품안전처로부터 건강기능식품 기능성 인정받은 원료 목록을 정확하게 알지 못하기 때문에 구분하기가 쉽지 않지만 영업자들은 한 눈에 찾을 수 있습니다. 현재 인기 있는 건강기능식품에 사용된 원재료를 추출물이 아닌 원형 그대로 사용한 일반식품은 광고 문구에 따라 처벌될 확률이 매우 큽니다.

예를 들어 체중조절에 도움을 주는 시서스추출물과 달리 시서스 가루 자체를 사용한 일반식품, 여성 갱년기 증상 완화에 도움을 줄 수 있는 석류추출물 대신 석류로 만들 일반 음료 등의 제품, 온 국민이 광고를 한 번 정도는 접했을 크릴오일 제품의 인지질 효능에 대한 광고 등이 여기에 해당 될 수 있습니다. 시서스 가루의 경우 아예 일반식품 원료로 사용할 수 없다는 식품위생법 규정은 언급할 필요도 없겠지만 시중에 너무 쉽게 구매할 수 있어 큰 문제기도 합니다.

지금 현재 건강기능식품 기능성 원료로 인정받은 것이 수백 가지가 있습니다. 물론 대다수가 일반식품 원료와 다르지 않고 단순히 추출형태나 복합적인 원료를 사용한다는 차이가 있을 뿐입니다. 실제로 현재 식품의약품안전처가 운영하는 식품안전나라에 게재된 건강기능식품 원료별 정보 목록을 보면 2021년 인정된 복분자추출물, 실크단백질 산가수분해물까지 거의 400개가 넘게 개별인정형 원료로 등록되어 있습니다. 그리고 고시형 원료까지 계산하면 거의 모든 식품원료가 사용된 것으로 보입니다.

이런 이유로 실질적으로 거의 모든 식품 원료가 건강기능식품 원료로 사용되기 때문에 그 농축 정도가 다를 뿐 포함된 내용물 자체는 동일하므로 원료에 대한 건강정보는 같을 수밖에 없습니다. 최근 여성 피부건강에 좋다고 알려진 피쉬콜라겐펩타이드나 저분자콜라겐펩타이드 제품의 경우 건강기능식품으로 유명 연예인을 광고모델로 고용해서 판매되는 제품도 많지만 일반 식품으로 기능성 원료로 인정받지 않은 단순 기타가공품도 많아 과대광고 고발 건수가 매우 증가할 것으로 예상됩니다. 소비자는 TV홈쇼핑에서 본 제품과 차이를 느끼지 못하고 온라인 쇼핑을 통해 가격이 저렴한 제품을 구매할 수 있기 때문에 건강기능식품 업체에서는 굉장히 공격적으로 유사 일반식품의 광고를 모니터링해서 고발 조치하리라 예상됩니다.

이때 행정기관이나 수사기관에서 건강기능식품 오인·혼돈으로 적발하기가 참 어려운데, 그 기준은 바로 기존 건강기능식품의 광고를 그대로 차용했는가, 또는 건강정보라는 이름으로 특정 효과나 효능을 광고하는가 입니다. 결과적으로 일반식품은 효과나 효능을 표시해서는 아니 되기 때문입니다.

현재 식품의약품안전처가 인정한 33개의 기능성 원료가 일반식품에 동일한 형태로 포함되어 있더라도 해당 기능성을 언급하는 것 자체는 식품 등의 표시·광고에 관한 법률 위반 소지가 큽니다. 예를 들어 관절/뼈 건강에 도움을 주는 건강기능식품 원료인 대두이소플라본, 보스웰리아추출물 대신 대두나 보스웰리아 자체를 그대로 분말 등의 형태로 판매하는 일반식품은 그 광고에 관절이나 뼈에 대한 언급 자체는 불가능하며, 단순히 건강정보라는 구분된 영역에 원료 자체의 효능을 매우 조심스럽게 광고할 수 있습니다.

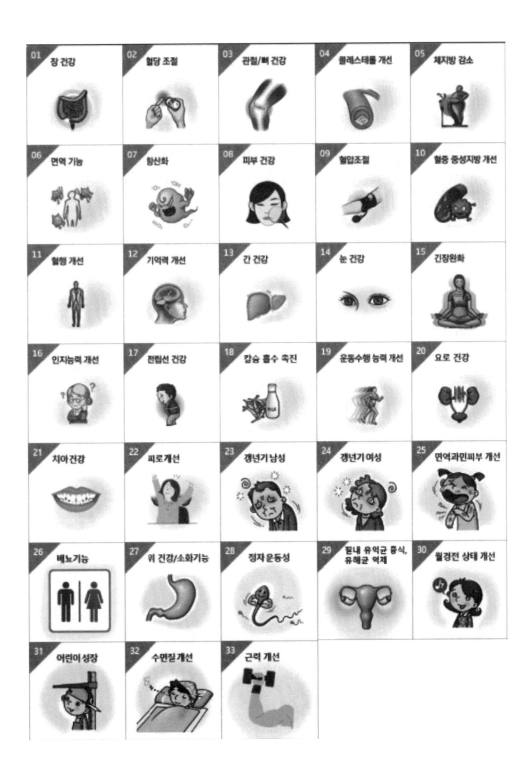

제가 담당했던 한 식품회사의 경우 온라인에 콩 제품을 판매하면서 동의보감을 언급하고, 쥐눈이콩이 상기된 기를 내리고 맥을 잘 통하게 하며, 우리 신체 중 가장 중요한 눈이 시리고 뻑뻑할 때 좋다고 했다가 민원으로 식품의약품안전처가 구 식품위생법 제13조에 규정된 일반식품의 건강기능식품 오인·혼동으로 기소된 사안에서 담당재판부는 신체조직과 기능의 일반적인 증진을 주목적으로 하는 인체의 건전한 성장 및 발달과 건강한 활동을 유지하는 데 도움을 준다는 표현이나 건강유지·건강증진·체력유지 등에 도움을 준다는 표현은 이미 허용된다는 규정이 있어 이 정도의 쥐눈이콩에 대한 약리적 효능 및 효과에 대한 정보가 건강기능식품으로 오인·혼동될 우려가 없다고 판단했습니다.

　결론적으로 구 식품위생법의 유용성에 대한 판단 기준이 작용한 것으로 비록 현재 식품 등의 표시·광고에 관한 법률에는 명확하게 유용성이란 표현이 존재하지 않지만 그와 같은 수준을 가이드라인으로 삼는다면 영업자로서 위험부담이 사라질 것이라고 생각합니다.

6 ····· 일반식품의 소비자 기망, 허위·과대광고 가이드라인

온라인 광고의 경우 의약품 오인·혼동과 함께 사실과 다른 광고를 해서 소비자를 속이는 광고가 많고, 적발 건수도 아마 최대일 것으로 예상됩니다. 소비자의 경우 사실인지 여부를 확인하기가 쉽지 않고, 단속 공무원이나 수사관조차 온라인에 게재된 정보로는 알 수 없으며, 내부고발이나 경쟁업체의 제보만이 이런 사건의 단초가 되기 때문에 발생 가능성이 크진 않습니다. 그러나 간혹 해외 논문이나 잘못된 건강정보를 게재해서 경쟁업체의 민원으로 곤혹을 치루는 경우가 있기 때문에 온라인 광고 게재 시에는 사실 관계나 논문 내용 등에 대한 꼼꼼한 검토도 필요합니다.

일반 소비자 기망광고는 식품 등의 표시·광고에 관한 법률 제8조 제1항 제3호에 규정된 거짓·과장된 표시 또는 광고와 제4호에 규정된 소비자를 기만하는 표시 또는 광고입니다. 기만과 기망 같은 말입니다. 기망은 주로 법률 용어로 사용되는 것으로 상대방을 속여 착오에 빠지게 하는 행위를 말합니다. 결국 과대광고를 통해 소비자를 속여 해당 제품이 광고 내용대로 효과가 있을 것이라 착오에 빠져 구매하게 만든다는 의미입니다.

소비자 기망 또는 사실과 다른 광고에 대해서는 이미 식품 등의 표시·광고에 관한 법률 제9조에 표시 또는 광고 실증제라는 규정이 있습니다.

제9조(표시 또는 광고 내용의 실증) ① 식품등에 표시를 하거나 식품등을 광고한 자는 자기가 한 표시 또는 광고에 대하여 실증(實證)할 수 있어야 한다.

② 식품의약품안전처장은 식품등의 표시 또는 광고가 제8조제1항을 위반할 우려가 있어 해당 식품등에 대한 실증이 필요하다고 인정하는 경우에는 그 내용을 구체적으로 밝혀 해당 식품등에 표시하거나 해당 식품 등을 광고한 자에게 실증자료를 제출할 것을 요청할 수 있다.

③ 제2항에 따라 실증자료의 제출을 요청받은 자는 요청받은 날부터 15일 이내에 그 실증자료를 식품의약품 안전처장에게 제출하여야 한다. 다만, 식품의약품안전처장은 정당한 사유가 있다고 인정하는 경우에는 제출기간을 연장할 수 있다.

④ 식품의약품안전처장은 제2항에 따라 실증자료의 제출을 요청받은 자가 제3항에 따른 제출기간 내에 이를 제출하지 아니하고 계속하여 해당 표시 또는 광고를 하는 경우에는 실증자료를 제출할 때까지 그 표시 또는 광고 행위의 중지를 명할 수 있다.

⑤ 제2항에 따라 실증자료의 제출을 요청받은 자가 실증자료를 제출한 경우에는 「표시·광고의 공정화에 관한 법률」 등 다른 법률에 따라 다른 기관이 요구하는 자료제출을 거부할 수 있다. 다만, 식품의약품안전처장이 제출받은 실증자료를 제6항에 따라 다른 기관에 제공할 수 없는 경우에는 자료제출을 거부해서는 아니 된다.

⑥ 식품의약품안전처장은 제출받은 실증자료에 대하여 다른 기관이 「표시·광고의 공정화에 관한 법률」 등 다른 법률에 따라 해당 실증자료를 요청한 경우에는 특별한 사유가 없으면 이에 따라야 한다.

⑦ 제1항부터 제4항까지의 규정에 따른 실증의 대상, 실증자료의 범위 및 요건, 제출방법 등에 관하여 필요한 사항은 총리령으로 정한다.

영업자가 사실과 달라 소비자를 속일 수 있는 내용의 광고를 시행한다고 민원이 제기되거나 단속을 직접 했지만 영업자에게 소명의 기회를 주기 위해서 식품의약품안전처장은 해당 식품의 광고를 직접 한 자에게 자료를 제출하라고 요청할 수 있고, 이를 검토하여 사실과 다른지 여부를 판단하도록 규정하고 있습니다.

사실과 달라 소비자를 기망하는 광고는 일반적으로 GMO 허위광고, 중량이나 원산지, 원재료를 속이는 광고 등 제품에 사용되는 원료나 제품 자체에 대한 것이 많습니다. 중량 정도는 소비자가 직접 측정 가능하지만 나머지 부분은 거의 서류 확인으로 행정처리가 진행되고, 실질적인 검사를 위해서는 실험실에서 식품공전에 따른 시험법이 진행되어야 하기 때문에 소비자가 허위 사실을 인지하기는 거의 불가능합니다. 그러므로 기본적으로 광고에 기재한 내용이 정확한 사실에 근거한 것인지 영업자가 단순히 논문에 있었다는 주장에 그치지 않고, 논문 내용에 제시된 사실관계나 문헌의 진위 여부까지 확인할 필요가 있습니다. 광고 실증제도에서 입증 책임은 영업자에게 있습니다.

7 ····· 건강기능식품의 광고 가능 범위에 대한 가이드라인

건강기능식품의 광고 가이드라인으로는 2009. 3. 식품의약품안전청 시절에 발간한 '건강기능식품 기능성 표시·광고 가이드라인'이 바이블입니다. 당시 건강기능식품의 표시기준과 건강기능식품 표시 및 광고 심의기준을 기반으로 작성된 자료로 식품의약품안전처가 참고용도로 활용하라고 머리말에 설명했지만 지금까지도 거의 모든 건강기능식품 회사가 반드시 숙지해야 할 자료로 알려져 있습니다.

일단 네 개의 기본원칙으로 구성되어 있습니다. 첫째, 국민의 건강증진 및 소비자보호에 관한 국가정책에 기여하여야 한다는 선언적 원칙입니다. 건강기능식품이란 건강기능식품에 관한 법률에서 인체에 유익한 기능성을 가진 원료나 성분을 사용하여 제조·가공한 식품이라고 정의되어 있어 건강기능식품이란 국민의 유용한 보건용도에 적합하고 올바른 정보를 제공하는 것이 목표이기 때문입니다.

둘째, 과학적이고 객관적인 근거자료에 의해 표현하여야 한다고 규정하면서 과학적인 평가체계에 의해 인정된 사실에 근거하여 표현해야 하며, 증명자료는 해당 과학 분야의 전문가에 의한 증명 또는 합의된 객관적 사실에 근거하여야 합니다. 셋째는 소비자에게 합리적 선택을 위한 올바른 정보를 제공해야 합니다. 결국 소비자에게 의약품이나 질병의 치료에 효과가 있는 것으로 오인할 우려가 있는 표현을 하여서는 아니 된다는 강한 의지입니다. 마지막으로 관련 법령에 적합하게 표시·광고를 시행해야 한다는 것으로 건강기능식품에 관한 법률을 포함한 식품 등의 표시·광고에 관한 법률에도 적합해야만 합니다.

세부적인 기준은 아래 표와 같습니다.

1. 학술문헌의 연구 내용을 인용하는 경우 과학적 근거자료에 의한 객관적 사실을 표현하여야 한다.
① 국내외 권위 있는 학술지에 게재된 논문이어야 한다(SCI, SSCI급).
② 기능성에 대한 학술문헌의 인용은 식약처장이 인정한 제품이나 원료에 한한다.
③ 인체적용시험, 동물실험, 시험관실험 등의 연구내용은 사실 그대로 인용해야 한다.
④ 학술문헌의 연구자료(그래프, 도표, 그림 등)는 원문자료 그대로 또는 원문 고유의 의미가 변화되지 않는 범위 내에서 객관적 사실에 근거하여 표현하여야 한다.

2. 특허 등록한 제품 또는 원료(성분)의 제조방법, 조성물, 용도 등에 관한 특허의 명칭 및 내용은 객관적 사실에 근거하여 표현할 수 있다. 다만, 의약품으로 오인할 우려가 있거나 식약처장이 인정하지 아니한 기능성 내용의 경우에는 관련 내용을 표현할 수 없다.
① 특허의 제조방법, 조성물 등에 관한 특허 취득 관련 내용을 객관적으로 표현할 수 있다.
② 특허청에서 발급한 특허 내용은 단지 "조성물 등"에 대한 특허임에도 불구하고, 마치 해당 식품의 "조성물 등"이 특정 용도의 효능과 효과 또는 기능성이 있는 것으로 표현하여서는 아니 된다.
③ 특허의 명칭 및 내용이 의약품으로 오인할 우려가 있는 질병명, 질병의 증상이나 증후 등의 효과에 대한 내용이면 관련 내용을 인용하여 표현할 수 없다.
④ 특허의 명칭에 기능성 내용이 포함된 경우 해당제품 또는 주원료(성분)가 식약처장이 인정한 기능성 내용에 한하여 표현할 수 있다.

3. 서적 통계자료 언론자료 등 일반적인 정보자료의 인용은 해당 제품의 기능성과 관련하여 공익 또는 교육 목적의 객관적 사실을 제품정보와 일반정보를 명확히 구분하여 표현하여야 한다.
① 해당제품의 기능성 내용과 관련하여 소비자의 이해를 돕기 위해 서적, 통계자료 언론자료 등 일반적인 정보자료를 인용하는 경우 객관적 사실에 근거하여 제품정보와 일반정보를 구분하고 일반정보를 건강정보 과학정보 등의 제목 하에 관련 자료를 표현 할 수 있다 다만 보건의료에 관한 정보자료의 경우 소비자로 하여금 해당제품이 질병예방 및 치료 효과가 있는 것으로 오인 혼동하지 않도록 표현하여야 한다.
② TV, 신문 등의 언론자료를 인용하는 경우 해당제품과 직접적인 관련성이 인정되는 경우에 한하여 객관적 사실 자료에 근거하여 표현되어야 한다.
③ 해당제품의 기능성 내용과 관련하여 자가진단 체크리스트를 소비자 정보차원에서 인용하는 경우 자가진단 체크리스트에 대한 내용이 해당 전문가에 의해 합의된 과학적 근거자료에 의해 사용되어야 한다.
④ 소비자의 체험담이나 모니터의 의견 등의 실례를 수집한 조사결과를 게재하는 경우에는 무작위 추출법으로 상당수의 샘플을 선정해 작위가 발생하지 않도록 고려하여 실시하는 등 통계적으로 객관성이 충분히 확보되어야 한다.

4. 의사 한의사 등 전문가 및 그밖의 자에 의한 추천 보증 수상, 선정 등의 표현은 사실이 아니거나 소비자를

오인할 수 있는 경우 표현할 수 없다. 다만 해당제품의 연구개발자의 경우에 한하여 객관적 사실만을 표현할 수 있다.

① 의사 한의사 등 전문가의 추천 보증 등은 해당분야의 전문지식에 기초하여 전문가라면 일반적으로 인정할 수 있는 내용이어야 하며 해당제품의 연구개발자에 한하여 객관적 사실만을 표현할 수 있다. 다만 소비자가 의약품이거나 질병을 치료하는 것으로 오인할 우려가 있으면 표현할 수 없다.

② 연예인 일반 소비자 등의 추천 보증 등은 해당제품을 실제 사용해 본 경험적 사실에 근거하여 식약청장이 인정한 기능성 내용 또는 일반적인 건강관련 표현을 객관적 사실에 근거하여 표현하여야 한다. 다만 소비자가 의약품이거나 질병을 치료하는 것으로 오인할 우려가 있으면 표현할 수 없다.

③ 특정부분에 한정되어 우수 또는 요건에 합당함을 인정받아 수상 인증 선정 등을 받았음에도 불구하고 다른 부분 또는 전체에 대해 우수 또는 요건에 합당함을 인정받아 수상 인증 선정 등을 받은 것으로 표현하여서는 아니 된다.

④ 수상 인증 선정 등의 사실을 객관적으로 인증된 것보다 높은 가치로 또는 격을 높여서 표현하여서는 아니 된다.

⑤ 건강기능식품을 광고하면서 동 상품을 사용한 경험이 있는 소비자의 섭취사실을 게재하여 광고하였으나 소비자가 실존 인물이 아닌 경우는 광고에 표현할 수 없다.

5. 공공기관(정부단체, 학교, 국제기구 등)의 명칭을 표현하는 경우 해당 기관장 또는 조직의 부속기관장이 해당 제품의 광고를 할 수 있다는 공문을 제출하여 표현할 수 있다.

① 단체 기관 학교 등 명의의 권장 권유 등을 내용으로 하는 추천 보증은 해당분야의 전문가 또는 산업계에서 일반적으로 인정 할 수 있는 내용이 이어야 하며 반드시 그 단체 기관 학교 등의 공식적인 의견절차를 거쳐 관련 공문을 제출하여야 한다.

② 공공기관에서 제품품질검사를 받은 것이 마치 그 제품의 기능성에 대해 품질을 인정받은 것으로 오인 될 수 있는 내용은 광고에 표현할 수 없다.

③ 외국에서 인정 등록 또는 허가하지 아니한 , FDA, GMP, JHFA, HACCP등 의 표현으로 해당제품이 우수하다는 내용을 암시하는 표현은 할 수 없다.

④ 회사명 상표명 연구기관 등 의 명칭은 의료법상의 특정진료과목 또는 질병명과 유사한 명칭을 사용하여 소비자를 오인시킬 우려가 있을 경우 해당 명칭을 강조하여 표현할 수 없다.

6. 비교 표시 및 광고는 정확한 정보제공으로 정당한 표시 및 광고

① 비교 표시 광고는 소비자에게 사업자나 제품에 관한 유용하고 정확한 정보제공을 목적으로 행하는 것이어야 하며 소비자를 속이거나 소비자로 하여금 잘못 알게 할 우려가 없도록 하여야 한다.

② 비교 표시 광고는 그 비교대상 및 비교기준이 명확하여야 하며 비교내용 및 비교방법이 적정하여야 한다 비교 표시 광고는 객관적으로 측정 가능한 특성을 비교하여야 하며 객관적으로 측정이 불가능한 주관적 판단, 경험 체험 평가 등을 근거로 다른 사업자 또는 다른 사업자의 제품과 비교하는 표시 광고 범위는 허용되지 않는다.

③ 비교 표시 광고는 법령에 의한 시험조사기관이나 사업자와 독립적으로 경영되는 시험 조사 기관에서 학술적 또는 산업계 등에서 일반적으로 인정된 방법 등 객관적이고 타당한 방법으로 실시한 시험 조사 결과에 의하여 실증된 사실에 근거하여야 한다.

④ 비교 표시 광고가 소비자를 속이거나 또는 소비자로 하여금 잘못 알게 할 우려가 있는지의 여부는 표시 광

고에 나타난 구체적인 비교대상 비교기준 비교내용 및 비교방법에 따라 판단되는데 아래의 비교 표시 광고의 경우 원칙적으로 금지되지 않는다.

⑤ 「동 비교표시 광고의 설정기준은 표시 광고 공정화에 관한 법률 비교표시 광고에 관한 심사지침 을 준용한 것으로 세부기준은 동 심사지침」을 따라야 한다.

7. 건강기능식품과 일반식품을 함께 동일 광고 면에 광고하지 않는 것을 원칙으로 한다. 다만, 건강기능식품과 일반식품을 동시에 광고할 경우 명확하게 구분하여 표현하여야 한다.

8. 특정 제품의 과다섭취를 조장할 수 있는 표현
① 해당제품의 섭취가 영양소기준치 초과 과일야채 등의 대체식품 등 특정 식품의 과다한 소비를 조장하거나 균형잡힌 일상식사 등 좋은 식습관을 비난하는 것으로 오인할 우려가 있는 표현은 할 수 없다.
② 영양소기준치가 정해져 있음에도 불구하고 과량을 먹어도 좋다는 내용은 표현 할 수 없다.
③ 좋은 음식을 한가지 영양소와 비교하기 위해 영양적 가치가 나쁘다고 인식시킬 수 있는 내용은 표현할 수 없다.
④ 건강기능식품에 함유된 영양소의 함량을 과일 야채 등에 함유된 영양소의 량과 비교할 경우 소비자들은 건강기능식품을 섭취하는 것이 각종 영양소를 함유한 과일 야채 등을 섭취하는 것과 동일하다거나 대체할 수 있는 것으로 오인할 우려가 있으므로 표현은 할 수 없다.
⑤ 잘못된 식습관을 대체하기 위해 건강기능식품의 섭취를 권장하는 경우 잘못된 식습관을 유지하면서 건강기능식품을 섭취하는 상황이 발생될 수 있으므로 표현할 수 없다.

9. 제약회사 개발제품, 병원 및 약국 판매 제품 등을 강조하는 표현

8 ····· 건강기능식품의 광고 불가 또는 금지 실증 사례

식품의약품안전처가 발간한 건강기능식품 가이드라인에 기재된 구체적인 광고 불가 또는 금지 예시는 아래와 같습니다.

예시 1)

학술문헌이 내용과 같이 국내외 학술지에 게재된 논문이더라도 건강기능식품의 기능성에 관한 연구내용은 식약청장이 인정한 기능성 내용 범위 내에 있는 경우에 한하여 학술문헌의 연구내용을 인용하여 표현할 수 있다. 아울러 연구내용이 질병의 치료나 의약품으로 오인할 우려가 있는 경우에는 관련 내용을 인용할 수 없다.

예시 2)

동물실험의 연구 자료는 인체 내의 기능성을 입증하는 데 중요한 자료가 될 수 있지만 사람과 동물의 생리는 다르므로 절대적인 입증자료가 될 수 없다. 따라서 동물실험 등의 연구내용을 인체적용시험으로 직접적이거나 간접적으로 또는 확정적이거나 단정적으로 표현하는 것은 소비자로 하여금 과장 또는 오인할 우려가 있으므로 사실 그대로 표현하여야 한다.

예시 3)

특허를 출원한 사실만으로 특허출원의 명칭 등을 게재하는 것은 소비자가 오인 혼동할 우려가 있으므로 관련내용을 표현하여서는 아니 된다.

예시 4)

뼈 형성 촉진 조성물이라는 특허 내용은 뼈 형성을 조성하는 물질이 함유되어 있다는 사실 자체에 대한 특허이지 그 제품이 뼈 형성을 촉진하는 효능이 있다는 의미는 아니다.

예시 5)

아토피성 피부염 예방 및 치료용 제조방법 머리 통증 치료에 효능이 있는 식품 조성물에서 특허내용 중 질병명 피부염 질병증상 머리 통증이 기재되어 질병 치료목적의 의약품과 오인 혼동을 일으킬 수 있으며 식품의 기능이 아닌 의약품 효능에 해당된다.

예시 6)

건강기능식품은 해당제품 또는 주원료 성분별로 과학적 검증 절차를 거쳐 기능성 내용을 식약청장이 인정하고 있다. 그러므로 식약청장이 인정하지 아니한 기능성 내용이거나 부원료 성분 또는 식품첨가물에 대한 특허내용을 표현하는 것은 건강기능식품의 기능성에 대해 허위 과대이거나 주원료의 기능성으로 소비자로 하여금 오인할 우려가 있는 관련 내용을 표현할 수 없다.

예시 7)

주원료가 혈행개선에 도움을 주는 제품인 경우 객관적인 심혈관 관련 건강정보 및 보건 통계자료는 인용이 가능하다. 다만 소비자가 질병을 치료하는 것으로 오인할 우려가 있는 표현은 허용하지 않는다.

예시 8)

"현대인은 불규칙한 식생활, 운동 부족, 스트레스 등으로 만성퇴행성질환이 증가……"

와 같은 공익적 내용과 국민보건질환 등 정보자료를 인용하여 설명할 수 있다. 이 경우 해당제품의 기능성 내용과 관련이 있어야 한다.

예시 9)

TV에 소개된 체험사례나 인터뷰 특정고객에 의한 성공적인 체험담은 식약청장이 인정한 기능성 내용에 한하여 표현할 수 있다. 다만 해당 제품의 기능성내용이 아니거나 질병 치료와 같은 효과를 볼 수 있는 것처럼 오인할 우려가 있으므로 표현할 수 없고, 언론 보도 내용이 과학적으로 증빙되지 않은 내용으로 기사화되거나 방송 될 수도 있으므로 관련 전문가에 의한 객관적으로 합의된 사실이 아닌 보도 제목 및 내용은 광고에 표현할 수 없다.

예시 10)

'○○○박사는 이 제품의 개발자로 기능성에 도움을 주는 제품을 개발'은 가능하나, '○○ 대학교 의학박사 고혈압 치료에 강력추천 확실히 보장'은 표현할 수 없다.

예시 11)

홍삼제품을 먹었더니 건강유지 및 증진에 도움이 많이 되는 것 같다, 혹은 체지방이 걱정되어서 제품을 먹고 꾸준히 운동하고 있는데, 먹는 것도 조절하면서 열심히 운동하고 제품도 먹으니 좋은 것 같다는 표현은 가능하나, 체지방이 걱정되어서 제품을 먹었더니 몇 킬로그램 감량이 되었다 같은 표현은 불가능하다.

예시 12)

민간단체의 인증사실을 공공기관으로부터 인증받은 것처럼 표현하거나 외국신문의 국가별 히트상품 소개에 자사상품이 포함된 사실을 세계의 히트상품으로 선정된 것처럼 표현하는 것은 불가능하다.

예시 13)

암치료 연구소나 심장질환 연구센터에서 개발한 제품이라는 표현은 불가하다.

예시 14)

○○제품은 타 제품에 비해 당성분이 적어 당뇨병 환자가 섭취하기에 좋다거나 타 유명 브랜드의 제품에 비해 기능성분인 사포닌이 2~3배 함유되어 있어 그 기능이 차별화된다는 표현은 불가하다.

예시 15)

비타민의 일일 영양권장량은 70mg임에도 불구하고 500mg을 섭취하는 방법 등을 제시하는 것은 위반이다.

예시 16)

제약회사에서 건강기능식품을 개발한 경우 제약회사의 의약품 개발 현황, 제약회사 제품임을 계속 반복 강조하는 표현 제약회사에서 제조 등으로 의약품의 효능 효과가 있는 것으로 소비자가 오인할 우려가 있으므로 표현할 수 없다.

예시 17)

병원 약국에서 건강기능식품을 판매하여 병원용 약국용 병원 약국에서만 판매합니다 등으로 표현할 경우 의약품이거나 질병을 치료하는 제품으로 소비자가 오인할 우려가 있으므로 표현할 수 없다. 다만, 병원 약국의 건강기능식품코너에서 판매하고 있다는 내용은 표현이 가능하다.

제5장

식품표시광고 주요
무죄 판결문 소개

···· 가공식품 광고 범위에 대한 기소유예 처분 취소
(헌법재판소 2017헌마1156)

〈사건에 대한 법령 적용〉

헌법

제10조 모든 국민은 인간으로서의 존엄과 가치를 가지며, 행복을 추구할 권리를 가진다. 국가는 개인이 가지는 불가침의 기본적 인권을 확인하고 이를 보장할 의무를 진다.

제11조 ① 모든 국민은 법 앞에 평등하다. 누구든지 성별·종교 또는 사회적 신분에 의하여 정치적·경제적·사회적·문화적 생활의 모든 영역에 있어서 차별을 받지 아니한다.

구 식품위생법

제13조 (허위표시 등의 금지) ① 누구든지 식품등의 명칭·제조방법, 품질·영양 표시, 유전자변형식품등 및 식품이력추적관리 표시에 관하여는 다음 각 호에 해당하는 허위·과대·비방의 표시·광고를 하여서는 아니되고, 포장에 있어서는 과대포장을 하지 못한다. 식품 또는 식품첨가물의 영양가·원재료·성분·용도에 관하여도 또한 같다.
1. 질병의 예방 및 치료에 효능·효과가 있거나 의약품 또는 건강기능식품으로 오인·혼동할 우려가 있는 내용의 표시·광고
2. 사실과 다르거나 과장된 표시·광고
3. 소비자를 기만하거나 오인·혼동시킬 우려가 있는 표시·광고
4. 다른 업체 또는 그 제품을 비방하는 광고
5. 제12조의3제1항에 따라 심의를 받지 아니하거나 심의받은 내용과 다른 내용의 표시·광고

〈사건에 대한 법원의 판단〉

구 식품위생법 제13조 제1항은 "누구든지 식품등의 명칭·제조방법, 품질·영양 표시, 유전자변형식품등 및 식품이력추적관리 표시에 관하여는 다음 각 호에 해당하는 허위·과

대·비방의 표시·광고를 하여서는 아니 되고, 포장에 있어서는 과대포장을 하지 못한다. 식품 또는 식품첨가물의 영양가·원재료·성분·용도에 관하여도 또한 같다"고 규정하고 있고, 같은 항 제1호는 '질병의 예방 및 치료에 효능·효과가 있거나 의약품 또는 건강기능식품으로 오인·혼동할 우려가 있는 내용의 표시·광고'가 그러한 행위에 해당한다고 규정하고 있다.

그런데 위 법령조항의 의미를 해석함에 있어 위 규정이 식품의 약리적 효능에 관한 표시·광고를 전부 금지하고 있다고 볼 수는 없고, 그러한 내용의 표시·광고라 하더라도 그것이 식품으로서 갖는 효능이라는 본질적 한계 내에서 식품에 부수되거나 영양섭취의 결과 나타나는 효과임을 표시·광고하는 것과 같은 경우에는 허용된다고 보아야 하므로, 결국 위 법령조항은 식품 등에 대하여 마치 특정 질병의 치료·예방 등을 직접적이고 주된 목적으로 하는 것인 양 표시·광고하여 소비자로 하여금 의약품으로 혼동·오인하게 하는 표시·광고만을 규제한다고 한정적으로 해석하여야 하며, 어떠한 표시·광고가 식품광고로서의 한계를 벗어나 의약품으로 혼동·오인하게 하는지는 사회일반인의 평균적 인식을 기준으로 법적용기관이 구체적으로 판단하여야 한다(헌재 2000. 3. 30. 97헌마108, 대법원 2006. 11. 14. 선고 2005도844 판결, 대법원 2015. 7. 9. 선고 2015도6207 판결 등 참조).

이 사건 광고 중 약리적 효능을 소개하는 부분은 원재료인 양배추, 양파, 흑마늘의 일반적인 효능을 소개하고 있을 뿐, 이 사건 각 제품의 효능을 직접적으로 소개한 것은 아니다. 또한 그 내용도 원재료의 일반적인 효능과 관련하여 방송을 통해 보도되거나 논문에 기술된 연구결과를 인용·발췌하여 정리한 것에 불과하고, 그와 같은 효능이 이 사건 각 제품에 고유한 것이라는 언급은 전혀 없다. 다만 약리적 효능을 소개하는 부분에 특정 질병을 치료하거나 예방하는 데 도움이 된다는 내용이 포함되어 있기는 하나, 이는 양배추, 양파, 흑마늘이라는 식품의 식품영양학적·생리학적 기능 및 그 기능의 결과로 건강유지에 도움이 된다는 취지를 표현한 것으로 볼 수 있는 데다가, 양배추, 양파, 흑마늘의 약리적 효능에 대한 정보는 이미 널리 알려져 있다.

한편 이 사건 각 제품의 제조방법을 설명하는 부분에 '모든 성분을 담는다.', '원재료의 효능이 극대화된다.', '질병 예방 효과가 높아진다.'는 표현이 사용되기는 하였으나, 이는 이 사건 각 제품이 원재료의 전체적인 성분을 많이 포함하여 양배추, 양파, 흑마늘이 식품으로서 갖는 일반적인 효능 측면에서 다른 제품보다 우수하다는 의미이지, 의약품 또는 건강기능식품의 성분으로 오인할 만한 특정 성분이나 그러한 성분과 결부된 제품 고유의 특별한 효능을 홍보하는 취지가 아님은 분명하다.

사정이 이와 같다면, 청구인이 사건 광고를 게시한 행위는, 이 사건 각 제품의 특정 질병에 대한 치료·예방 효능을 소개하는 것을 직접적이고 주된 목적으로 하여 광고하였다기보다, 이 사건 각 제품의 판매를 촉진하고자 하는 의도에서 인터넷 블로그를 이용하는 소비자들에게 원재료의 약리적 효능·효과와 제조방법에 대한 정보를 제공하는 정도에 그친 것으로 봄이 상당하므로, 이는 식품으로서 갖는 효능이라는 본질적 한계를 벗어나지 않은 것으로서 소비자로 하여금 의약품 또는 건강기능식품으로 오인·혼동할 우려가 있는 내용의 광고를 하였다고 보기는 어렵다.

그럼에도 피청구인은 이 사건 광고가 식품광고로서의 한계를 벗어난 과대광고에 해당함을 전제로 청구인들에 대하여 이 사건 기소유예처분을 하였는바, 위 처분에는 그 결정에 영향을 미친 중대한 법리오해의 잘못이 있었다고 볼 수밖에 없고, 그로 인하여 청구인들의 평등권과 행복추구권이 침해되었다고 할 것이다.

2 ····· 배달앱 원산지 정보 오류 허위 표시 무혐의 처분 (서울동부지방검찰청)

〈사건에 대한 법령 적용〉

농수산물의 원산지 표시에 관한 법률

제6조 (거짓 표시 등의 금지) ① 누구든지 다음 각 호의 행위를 하여서는 아니 된다.
1. 원산지 표시를 거짓으로 하거나 이를 혼동하게 할 우려가 있는 표시를 하는 행위
2. 원산지 표시를 혼동하게 할 목적으로 그 표시를 손상·변경하는 행위
3. 원산지를 위장하여 판매하거나, 원산지 표시를 한 농수산물이나 그 가공품에 다른 농수산물이나 가공품을 혼합하여 판매하거나 판매할 목적으로 보관이나 진열하는 행위
② 농수산물이나 그 가공품을 조리하여 판매·제공하는 자는 다음 각 호의 행위를 하여서는 아니 된다.
1. 원산지 표시를 거짓으로 하거나 이를 혼동하게 할 우려가 있는 표시를 하는 행위
2. 원산지를 위장하여 조리·판매·제공하거나, 조리하여 판매·제공할 목적으로 농수산물이나 그 가공품의 원산지 표시를 손상·변경하여 보관·진열하는 행위
3. 원산지 표시를 한 농수산물이나 그 가공품에 원산지가 다른 동일 농수산물이나 그 가공품을 혼합하여 조리·판매·제공하는 행위

〈사건에 대한 검찰의 판단〉

원칙적으로 원산지 표시 의무는 해당 식품접객업자가 부담하는 것이고, 배달앱을 운영하는 ㈜○○○○○○○도 해당 식품접객업자에게 원산지 관리 권한을 부여하였으므로, 원산지 변경의 1차적인 책임은 식품접객업자에게 있다고 봄이 상당하다.

다만 ㈜A는 가맹본부의 지위에서 가맹점사업자를 교육하고 제품정보 등을 고지해야 할 의무가 있고, 특히 본건은 가맹본점이 가맹사업자들을 위해 일괄적으로 제휴 계약을 체결

하여 가맹점사업자들이 해당 서비스를 이용하게 된 사안이고, ㈜A에서 최초 배달앱에 사용될 양식을 제공함으로써 가맹본점에서 표시한 정보가 가맹점사업자들을 거쳐 일반 소비자에게 전달된 개연성이 충분하였으므로(더욱이 원산지 변경 이후 새로 가입한 가맹점사업자들의 경우 가입 당시의 원산지 표시 정보가 진실하다고 신뢰하는 것이 일반적이다.), 가맹점사업자들의 입장에서 볼 때, 가맹본부인 ㈜A측에서 ㈜ㅇㅇㅇㅇㅇㅇ측에 원산지 변경을 일괄 요청하거나, 원산지 변경 당시 가맹점사업자들에게 ㈜A측에서 제휴계약을 체결한 경우에도 원산지 변경이 개별적으로 이루어져야 함을 충분히 공지하기를 기대하는 것에도 상당한 이유가 있어 보인다.

그러나 ㈜A가 제휴업체에게 직접 일괄요청을 하거나 가맹점사업자들에게 적절히 안내할 책임이 있었는지 여부는 별론으로 하고, 본건에서는 피의자가 ㈜A의 마케팅 팀장으로 원산지를 오인케 하기 위하여 고의로 잘못된 원산지 정보를 방치하여 그 표시한 정보가 일반 소비자들에게 전달되게 하였는지 여부가 문제되므로 그에 대해 보건대, 피의자는 마케팅 팀장으로서 오징어의 원산지 정보를 국내산으로 오인되게 제공하였다 하여도 이로 인해 이득을 볼 지위에 있지 않았던 점, 매장 표시판의 원산지를 변경하면서 고의로 배달앱의 원산지 표시사항만 방치할 이유가 없는 점, 배달앱 이용은 기술의 발달에 따른 신규서비스로, 가맹계약서 상 앱 관리주체(특히, 본건과 같이 가맹사업자에게 일괄 적용되는 정보의 관리주체)가 누구인지에 대한 가맹본부와 가맹점사업자간의 명시적인 협의가 있었다고 보기에는 어려운 점, 마케팅팀 직원들도 원산지 변경이 이루어지지 않은 사실을 뒤늦게 인지하였다고 진술한 점 등에 비추어 볼 때, 피의자가 원산지가 중국임에도 배달앱에 허위의 원산지 정보를 기재할 의사로 의도적으로 앱 표시사항을 방치하여 본 건을 범하였다고 인정하기에는 불충분 하고, 달리 이를 인정할 증거가 없다.

실행위자인 디자인팀 팀장의 위반행위를 인정할 증거가 없는 이상, 피의자 (주)A에 대한 피의사실을 인정할 증거가 없다.

3 · 마케팅 회사 이용 시 과대광고 주의 (서울동부지방법원)

〈사건에 대한 법령 적용〉

구 건강기능식품에 관한 법률

제18조 (허위·과대·비방의 표시·광고 금지) ① 누구든지 건강기능식품의 명칭, 원재료, 제조방법, 영양소, 성분, 사용방법, 품질 및 건강기능식품이력추적관리 등에 관하여 다음 각 호에 해당하는 허위·과대·비방의 표시·광고를 하여서는 아니 된다.

1. 질병의 예방 및 치료에 효능·효과가 있거나 의약품으로 오인(誤認)·혼동할 우려가 있는 내용의 표시·광고
2. 사실과 다르거나 과장된 표시·광고
3. 소비자를 기만하거나 오인·혼동시킬 우려가 있는 표시·광고
4. 의약품의 용도로만 사용되는 명칭(한약의 처방명을 포함한다)의 표시·광고
5. 다른 업체 또는 그 업체의 제품을 비방하는 표시·광고
6. 제16조제1항에 따라 심의를 받지 아니하거나 심의받은 내용과 다른 내용의 표시·광고

제44조 (벌칙) 다음 각 호의 어느 하나에 해당하는 자는 5년 이하의 징역 또는 5천만원 이하의 벌금에 처한다. 이 경우 징역과 벌금을 병과할 수 있다.

1. 제6조제2항에 따른 영업신고를 하지 아니하고 영업을 한 자
2. 제7조제1항 전단에 따른 품목제조신고를 하지 아니하고 제품을 제조·판매한 자
3. 제10조제1항제4호를 위반하여 판매를 한 자
   3의2. 거짓이나 그 밖의 부정한 방법으로 제14조제2항 및 제15조제2항에 따른 인정을 받은 자
4. 제18조제1항제2호부터 제6호까지를 위반하여 허위·과대·비방의 표시·광고를 한 자
5. 제21조제1항에 따른 자가품질검사를 하지 아니한 자
6. 삭제 〈2016. 2. 3.〉
7. 제24조제1항, 제25조 또는 제26조를 위반하여 판매 등을 한 자
8. 제29조 또는 제30조제1항 및 제3항에 따른 명령을 이행하지 아니한 자
9. 제32조제1항에 따른 영업정지 명령을 위반한 자

〈사건에 대한 법원의 판단〉

이 법원이 적법하게 채택하여 조사한 증거들에 의하여 인정되는 다음과 같은 사정들을 종합하면, 검사가 제출한 증거들만으로는 피고인에게 소비자를 기만하거나 오인·혼동시킬 우려가 있는 광고를 하고자 하는 고의가 있었다거나, ○○○, ◇◇◇가 그러한 광고를 함에 있어 피고인이 이에 공모하였다고 인정하기 부족하고, 달리 이를 인정할 증거가 없다.

① ○○○는 광고대행사의 회원으로 가입한 후 어떠한 방식으로 광고를 할지 몰라 인터넷을 검색해 본 결과 직접 제품을 체험한 것처럼 쓰면 광고 효과가 더 높을 것 같은 생각이 들어 허위 체험기를 작성하여 제품을 광고하게 된 것이라고 진술하였다.

② 광고대행사의 회원들은 위 회사 사이트에서 회원 가입을 한 후 블로그에 위 회사가 제공하는 제품에 관한 링크를 거는 방법으로 활동을 하고 있을 뿐, 달리 광고 대상 제품의 제조사나 판매사와 직접 연락을 하거나 교육을 받는 일은 없다.

③ A와 광고대행사의 광고대행 계약 제10조 준수사항에는 '마케팅 진행시 과대선전, 허위사실 등의 유포 단속에 광고대행사는 최대한 협조를 해야 하며…'라는 내용이 기재되어 있는 점에 비추어, A나 피고인이 광고대행사와 광고대행 계약을 체결하면서 광고대행사나 그 회원들이 허위 체험기를 올려 제품을 광고할 것을 인식하였거나 예견하였다고 보기도 어렵다.

④ 피고인이 광고대행사에 제공한 광고 문안에는 허위 체험기 등 소비자를 기만하거나 오인·혼동시킬 우려가 있는 내용은 포함되어 있지 않은 것으로 보인다.

그렇다면 이 사건 공소사실은 범죄의 증명이 없는 경우에 해당하므로 형사소송법 제325조 후단에 의하여 피고인에게 무죄를 선고한다.

4 · 구매대행업체의 과대광고 과실 인정 (인천지방검찰청 부천지청)

〈사건에 대한 법령 적용〉

식품 등의 표시·광고에 관한 법률

제8조 (부당한 표시 또는 광고행위의 금지) ① 누구든지 식품등의 명칭·제조방법·성분 등 대통령령으로 정하는 사항에 관하여 다음 각 호의 어느 하나에 해당하는 표시 또는 광고를 하여서는 아니 된다.

1. 질병의 예방·치료에 효능이 있는 것으로 인식할 우려가 있는 표시 또는 광고
2. 식품등을 의약품으로 인식할 우려가 있는 표시 또는 광고
3. 건강기능식품이 아닌 것을 건강기능식품으로 인식할 우려가 있는 표시 또는 광고
4. 거짓·과장된 표시 또는 광고
5. 소비자를 기만하는 표시 또는 광고
6. 다른 업체나 다른 업체의 제품을 비방하는 표시 또는 광고
7. 객관적인 근거 없이 자기 또는 자기의 식품등을 다른 영업자나 다른 영업자의 식품등과 부당하게 비교하는 표시 또는 광고
8. 사행심을 조장하거나 음란한 표현을 사용하여 공중도덕이나 사회윤리를 현저하게 침해하는 표시 또는 광고
9. 제10조제1항에 따라 심의를 받지 아니하거나 같은 조 제4항을 위반하여 심의 결과에 따르지 아니한 표시 또는 광고

〈사건에 대한 검찰의 판단〉

피의자는 건강기능 식품이 아닌 '○○○ 파우더'에 '다이어트'라는 단어를 사용하여, 피의자가 운영하는 구매 대행 인터넷 사이트에서 약 2달 동안 '○○○ 다이어트 파우더'라고 게시, 구매 대행을 진행해 온 사실은 인정한다.

하지만, 피의자는 고의성이 없었다며 혐의를 부인하고 있다.

이는, ① 피의자의 관리 감독 및 관리자인 참고인 A의 주의의무가 부족했지만, 해당 제품을 인터넷에 검색하여 보면 대부분 다이어트라는 단어가 사용되어 피의자 및 참고인 A가 충분히 오해할 수 있었던 점, ② 식약청에 민원신고가 들어가기 전에 해당 사실이 잘못되었다는 것을 인지하고 바로 위 구매 대행 사이트에서 해당 문구를 자진 삭제 조치한 점, ③ 2018년부터 위 사이트에 해당 제품을 게시하여 구매대행을 진행하였지만, 해당 제품이 리뉴얼되기 전까지 '다이어트'라는 단어를 사용하지 않았다는 점, ④ 약 5년간 위 사이트를 운영하면서 동일 전과가 없는 점 등을 종합하여 볼 때, 피의자 및 관리자 모두 고의성이 없다고 판단되어 식품 등의 표시·광고에 관한 법률 위반의 과장 광고 혐의를 인정하기에는 부족하다.

5 ····· 건강기능식품 사전검열 위헌 결정 (헌법재판소 2016헌가8)

〈사건에 대한 법령 적용〉

헌법

제21조 ① 모든 국민은 언론·출판의 자유와 집회·결사의 자유를 가진다.
② 언론·출판에 대한 허가나 검열과 집회·결사에 대한 허가는 인정되지 아니한다.

제37조 ② 국민의 모든 자유와 권리는 국가안전보장·질서유지 또는 공공복리를 위하여 필요한 경우에 한하여 법률로써 제한할 수 있으며, 제한하는 경우에도 자유와 권리의 본질적인 내용을 침해할 수 없다.

〈심판 대상 조항〉

구 건강기능식품에 관한 법률

제18조 (허위·과대·비방의 표시·광고 금지) ① 누구든지 건강기능식품의 명칭, 원재료, 제조방법, 영양소, 성분, 사용방법, 품질 및 건강기능식품이력추적관리 등에 관하여 다음 각 호에 해당하는 허위·과대·비방의 표시·광고를 하여서는 아니 된다.
1. 질병의 예방 및 치료에 효능·효과가 있거나 의약품으로 오인(誤認)·혼동할 우려가 있는 내용의 표시·광고
2. 사실과 다르거나 과장된 표시·광고
3. 소비자를 기만하거나 오인·혼동시킬 우려가 있는 표시·광고
4. 의약품의 용도로만 사용되는 명칭(한약의 처방명을 포함한다)의 표시·광고
5. 다른 업체 또는 그 업체의 제품을 비방하는 표시·광고
6. 제16조제1항에 따라 심의를 받지 아니하거나 심의받은 내용과 다른 내용의 표시·광고

구 건강기능식품에 관한 법률

제32조 (영업허가취소 등) ① 식품의약품안전처장 또는 특별자치시장·특별자치도지사·시장·군수·구청장은 영업자가 다음 각 호의 어느 하나에 해당하는 경우에는 대통령령으로 정하는 바에 따라 영업허가를 취소하거나, 6개월 이내의 기간을 정하여 그 영업의 전부 또는 일부의 정지를 명하거나, 영업소의 폐쇄(제6조에 따라 신고한 영업만 해당한다. 이하 이 조에서 같다)를 명할 수 있다.
1. 제5조제1항 후단, 제7조제1항 전단, 제8조제1항, 제10조제1항 각 호(제1호와 제5호는 제외한다) 또는 제

구 건강기능식품에 관한 법률

〈사건에 대한 법원의 판단〉

심판대상 조항들은 사전심의받은 내용과 다른 내용의 건강기능식품 기능성 광고를 금지하고 그 위반에 대해 영업 취소·정지 등의 행정제재와 형벌을 부과하는 것을 내용으로 하고 있다.

그러므로 건강기능식품의 기능성 광고가 헌법 제21조 제1항의 표현의 자유의 보호범위에 포함되는지, 같은 조 제2항의 사전검열금지원칙의 적용대상이 되는지, 나아가 그 대상이 된다고 할 경우 건강기능식품법상의 사전심의제도가 헌법이 금지하는 사전검열에 해당하는지 여부가 문제된다.

① 건강기능식품의 기능성 광고와 표현의 자유 및 사전검열금지 원칙의 적용

헌법 제21조 제1항은 모든 국민은 언론·출판의 자유를 가진다고 규정하여 표현의 자유를 보장하고 있는바, 의사표현·전파의 자유에 있어서 의사표현 또는 전파의 매개체는 어떠한 형태이건 가능하며, 그 제한이 없다(헌재 1993. 5. 13. 91헌바17). 광고도 사상·지식·정보 등을 불특정다수인에게 전파하는 것으로서 언론·출판의 자유에 의한 보호를 받는 대상이 됨은 물론이고(헌재 1998. 2. 27. 96헌바2), 상업적 광고표현 또한 보호 대상이 된다(헌재 2000. 3. 30. 99헌마143; 헌재 2015. 12. 23. 2015헌바75).

그리고 헌법재판소는 헌재 2015. 12. 23. 2015헌바75 결정에서, 현행 헌법이 사전검열을 금지하는 규정을 두면서 1962년 헌법과 같이 특정한 표현에 대해 예외적으로 검열을 허용하는 규정을 두고 있지 아니한 점, 표현의 특성이나 이에 대한 규제의 필요성에 따라 언론·출판의 자유의 보호를 받는 표현 중에서 사전검열금지원칙의 적용이 배제되는 영역을 따로 설정할 경우 그 기준에 대한 객관성을 담보할 수 없어 종국적으로는 집권자에게 불리한 내용의 표현을 사전에 억제할 가능성을 배제할 수 없는 점 등을 들어, 현행 헌법상 사전검열은 표현의 자유 보호대상이면 예외 없이 금지된다는 입장을 명시적으로 밝힌 바 있다.

따라서 건강기능식품의 기능성 광고는 인체의 구조 및 기능에 대하여 보건용도에 유용한 효과를 준다는 기능성 등에 관한 정보를 널리 알려 해당 건강기능식품의 소비를 촉진시키기 위한 상업광고로서 헌법 제21조 제1항의 표현의 자유의 보호 대상이 됨과 동시에 같은 조 제2항의 사전검열 금지 대상도 된다.

② 사전검열금지원칙 위반 여부
(1) 헌법상 사전검열금지원칙의 의미 및 요건
헌법 제21조 제2항은 언론·출판에 대한 허가나 검열은 인정되지 아니한다고 규정하고 있다. 여기서 말하는 검열은 그 명칭이나 형식과 관계없이 실질적으로 행정권이 주체가 되

어 사상이나 의견 등이 발표되기 이전에 예방적 조치로서 그 내용을 심사, 선별하여 발표를 사전에 억제하는, 즉 허가받지 아니한 것의 발표를 금지하는 제도를 뜻하고, 이러한 사전검열은 법률에 의하더라도 불가능하다.

사전검열금지원칙이 모든 형태의 사전적인 규제를 금지하는 것은 아니고, 의사표현의 발표 여부가 오로지 행정권의 허가에 달려있는 사전심사만을 금지한다. 헌법재판소는 헌법이 금지하는 사전검열의 요건으로 첫째, 일반적으로 허가를 받기 위한 표현물의 제출의무가 존재할 것, 둘째, 행정권이 주체가 된 사전심사절차가 존재할 것, 셋째, 허가를 받지 아니한 의사표현을 금지할 것, 넷째, 심사절차를 관철할 수 있는 강제수단이 존재할 것을 들고 있다(헌재 1996. 10. 31. 94헌가6; 헌재 2008. 6. 26. 2005헌마506; 헌재 2015. 12. 23. 2015헌바75 등 참조).

(2) 건강기능식품 기능성 광고 사전심의가 사전검열에 해당하는지 여부
이 사건 건강기능식품 기능성 광고 사전심의가 헌법이 금지하는 사전검열의 4가지 요건을 충족하는지 여부를 본다.

(가) 허가를 받기 위한 표현물의 제출의무가 있는지 여부
건강기능식품법 제16조 제1항은, 건강기능식품의 기능성에 대한 광고를 하려는 자에게 식약처장이 정한 건강기능식품 표시·광고 심의의 기준, 방법 및 절차에 따라 심의를 받도록 하고 있고, 이에 따라 식약처장이 정한 심의기준 제4조는 건강기능식품의 기능성에 대한 광고를 하려는 자는 신청서에 해당 기능성 광고 내용을 첨부하여 심의기관에 제출하도록 하고 있다. 이는 일반적으로 허가를 받기 위한 표현물의 제출의무를 부과한 것에 해당한다.

(나) 허가를 받지 아니한 의사표현을 금지하는지 여부
이 사건 금지조항은 누구든지 심의받은 내용과 다른 내용의 광고를 하여서는 아니된다

고 규정하고 있다. 이는 허가받지 않은 의사표현을 금지하는 것에 해당한다.

(다) 심사절차를 관철할 수 있는 강제수단이 존재하는지 여부

심의받은 내용과 다른 내용의 광고를 한 경우, 이 사건 제재조항은 대통령령으로 정하는 바에 따라 영업허가를 취소·정지하거나, 영업소의 폐쇄를 명할 수 있도록 하고, 이 사건 처벌조항은 5년 이하의 징역 또는 5000만 원 이하의 벌금에 처하도록 하고 있다. 이와 같은 행정제재나 형벌의 부과는 사전심의절차를 관철하기 위한 강제수단에 해당한다.

(라) 행정권이 주체가 된 사전심사절차가 존재하는지 여부

1) 헌법상 사전검열금지원칙은 검열이 행정권에 의하여 행하여지는 경우에 한하여 적용되므로, 건강기능식품 기능성 광고의 심의기관인 한국건강기능식품협회의 사전심의가 행정권이 주체가 된 사전심사에 해당하는지 여부에 대해 살펴본다.

광고의 심의기관이 행정기관인지 여부는 기관의 형식에 의하기보다는 그 실질에 따라 판단되어야 한다. 따라서 검열을 행정기관이 아닌 독립적인 위원회에서 행한다고 하더라도, 행정권이 주체가 되어 검열절차를 형성하고 검열기관의 구성에 지속적인 영향을 미칠 수 있는 경우라면 실질적으로 그 검열기관은 행정기관이라고 보아야 한다. 그렇게 해석하지 아니한다면 검열기관의 구성은 입법기술상의 문제에 지나지 않음에도 불구하고 정부가 행정관청이 아닌 독립된 위원회의 구성을 통하여 사실상 사전검열을 하면서도 헌법상 사전검열금지원칙을 위반하였다는 비난을 면할 수 있는 길을 열어주기 때문이다(헌재 2008. 10. 30. 2004헌가18등 참조). 민간심의기구가 심의를 담당하는 경우에도 행정권이 개입하여 그 사전심의에 자율성이 보장되지 않는다면 이 역시 행정기관의 사전검열에 해당하게 된다(헌재 2008. 6. 26. 2005헌마506 참조). 또한 민간심의기구가 사전심의를 담당하고 있고, 현재에는 행정기관이 그 업무에 실질적인 개입을 하고 있지 않더라도 행정기관의 자의에 의해 언제든지 개입할 가능성이 열려 있다면, 개입 가능성의 존재 자체로 민간

심의기구는 심의 업무에 영향을 받을 수밖에 없을 것이기 때문에, 이 경우 역시 헌법이 금지하는 사전검열이라는 의심을 면하기 어렵다(헌재 2015. 12. 23. 2015헌바75 참조).

2) 건강기능식품법은 건강기능식품의 기능성에 대한 표시·광고를 하려는 자가 받아야 하는 심의의 기준, 방법 및 절차 형성의 권한을 식약처장에게 부여하고(건강기능식품법 제16조 제1항), 식약처장은 그 표시·광고 심의업무를 건강기능식품법 제28조에 따라 설립된 단체 등에 위탁할 수 있도록 규정하고 있다(같은 조 제2항).

위 법률 규정에 따라 현재 민간단체인 한국건강기능식품협회가 식약처장으로부터 건강기능식품 기능성 표시·광고 심의를 위탁받아 수행하고 있다. 그런데 위와 같이 업무위탁을 통하여 민간단체가 기능성 표시·광고 심의를 담당하고 있지만 여전히 건강기능식품법상으로는 행정기관인 식약처장이 심의업무의 주체이므로, 식약처장은 언제든지 심의업무의 위탁을 철회하고, 건강기능식품 기능성 표시·광고 사전심의에 전면적으로 개입할 가능성이 열려 있다.

3) 게다가 건강기능식품법은 심의업무를 위탁받은 심의기관이 심의업무를 위하여 표시·광고심의위원회를 설치하도록 하면서도, 심의기관의 장이 위원을 위촉함에 있어 식약처장의 승인을 받도록 하고(건강기능식품법 제16조 제3항 및 제4항), 식약처장은 위원이 직무태만, 품위손상이나 그 밖의 사유로 인하여 위원으로 적합하지 아니하다고 인정되는 경우 등에 해당 위원을 해촉할 수 있으며(같은 법 시행규칙 제20조의7), 위원의 수와 구성 비율, 위원의 자격과 임기, 위원장과 부위원장의 위촉 방식 등 표시·광고심의위원회의 구성에 관하여 총리령으로 규율하고 있다(같은 법 제16조 제5항, 같은 법 시행규칙 제20조의5). 이와 같은 법령을 통해 행정권이 표시·광고심의위원회의 구성에 개입할 뿐만 아니라 지속적으로 영향을 미칠 가능성이 존재하는 이상 그 구성에 자율성이 보장되어 있다고 볼 수 없다.

4) 그리고 건강기능식품 표시·광고 심의기준, 방법, 절차를 식약처장이 정하도록 하고 있으므로(건강기능식품법 제16조 제1항), 식약처장은 심의기준 등의 제정 및 개정을 통해 언제든지 심의기준 등을 정하거나 변경함으로써 심의기관인 한국건강기능식품협회의 심의 내용 및 절차에 영향을 줄 수 있다.

5) 실제로 식약처장이 심의기준을 제정하면서 심의의 기준이 되는 사항들을 구체적으로 열거하고 있는 점(심의기준 제3조), 심의 또는 재심의 결과를 통보받은 영업허가 또는 신고기관은 위 심의기준에 맞지 않는다고 판단되는 경우 식약처장에게 보고하여야 하고, 보고를 받은 식약처장은 심의기관에 재심의를 권고할 수 있으며, 심의기관은 특별한 사유가 없으면 이를 따라야 하는 점(심의기준 제6조의2), 심의기관의 장은 심의 및 재심의 결과를 분기별로 분기종료 15일 이내에 식약처장에게 보고하여야 하는 점(심의기준 제15조) 등에 비추어 볼 때 건강기능식품 광고 심의업무가 행정기관으로부터 독립적, 자율적으로 운영되고 있다고 보기 어렵다.

6) 이상과 같은 사정들을 종합하여 보면, 한국건강기능식품협회나 위 협회에 설치된 표시·광고심의위원회가 사전심의업무를 수행함에 있어서 식약처장 등 행정권의 영향력에서 벗어나 독립적이고 자율적으로 심의를 하고 있다고 보기 어렵고, 결국 건강기능식품 기능성광고 심의는 행정권이 주체가 된 사전심사라고 할 것이다.

따라서 한국건강기능식품협회가 행하는 이 사건 건강기능식품 기능성광고 사전심의는 헌법이 금지하는 사전검열에 해당하므로 헌법에 위반된다. 종래 이와 견해를 달리하여 건강기능식품 기능성광고의 사전심의절차를 규정한 구 건강기능식품법 관련조항이 헌법상 사전검열금지원칙에 위반되지 않는다고 판단한 우리 재판소 결정(헌재 2010. 7. 29. 2006헌바75)은, 이 결정 취지와 저촉되는 범위 안에서 변경하기로 한다.

〈사건에 대한 법령 적용〉

구 식품위생법

제13조 (허위표시 등의 금지) ① 누구든지 식품등의 명칭·제조방법, 품질·영양 표시, 유전자변형식품등 및 식품이력추적관리 표시에 관하여는 다음 각 호에 해당하는 허위·과대·비방의 표시·광고를 하여서는 아니 되고, 포장에 있어서는 과대포장을 하지 못한다. 식품 또는 식품첨가물의 영양가·원재료·성분·용도에 관하여도 또한 같다.

1. 질병의 예방 및 치료에 효능·효과가 있거나 의약품 또는 건강기능식품으로 오인·혼동할 우려가 있는 내용의 표시·광고
2. 사실과 다르거나 과장된 표시·광고
3. 소비자를 기만하거나 오인·혼동시킬 우려가 있는 표시·광고
4. 다른 업체 또는 그 제품을 비방하는 광고
5. 제12조의3제1항에 따라 심의를 받지 아니하거나 심의받은 내용과 다른 내용의 표시·광고

구 식품위생법 시행규칙

제8조 (허위표시, 과대광고, 비방광고 및 과대포장의 범위) ② 제1항제2호·제5호·제6호·제12호 및 제13호에도 불구하고 다음 각 호에 해당되는 경우에는 허위표시나 과대광고로 보지 아니한다.

4. 그 밖에 별표 3에 따른 허위표시·과대광고로 보지 아니하는 표시 및 광고의 범위에 해당하는 표시·광고

〈사건에 대한 법원의 판단〉

비록 "약보다 나은 발효건강식품" 등의 문구가 포함되어 있기는 하나, 전체적으로는 쥐눈이콩 등의 식품의 식품영양학적·생리학적 기능 및 그 기능의 결과로 건강유지에 도움이 된다는 취지를 표현한 것으로 볼 수 있다. 결국 위와 같은 광고내용은 제품의 판매를 촉

진하고자 하는 의도에서 소비자들에게 쥐눈이콩 등의 약리적 효능 및 효과에 대한 정보를 제공하는 정도에 그친다고 봄이 상당하므로, 이는 식품으로서 갖는 효능이라는 본질적 한계를 벗어나지 않은 것으로서, 소비자로 하여금 의약품 내지 건강기능식품과 혼동·오인하게 할 우려가 있는 표시 또는 광고를 하였다고 보기는 어렵다.

또한 광고 중 일부는, 건강유지·건강증진·체력유지·체질개선·식이요법·영양보급 등에 도움을 준다는 표현으로서, 콩 등 식품에 함유된 영양성분인 단백질 등의 일반적 작용에 관한 내용이거나, 해당 제품의 섭취방법 또는 섭취량의 표현에 불과하여, 앞서 살펴본 식품위생법 시행규칙 제8조 제2항 제4호 별표 3에서 규정한 허위표시·과대광고로 보지 아니하는 표시 및 광고의 범위에 해당한다.

····· 허위·과장광고에 대한 판단 기준
(대법원 2007도3831)

〈사건에 대한 법령 적용〉

구 식품위생법

제11조 (허위표시등의 금지) ① 식품등의 명칭·제조방법 및 품질과 식육의 원산지등 표시에 관하여는 허위표시 또는 과대광고를 하지 못하고, 포장에 있어서는 과대포장을 하지 못하며, 식품·식품첨가물의 표시에 있어서는 의약품과 혼동할 우려가 있는 표시를 하거나 광고를 하여서는 아니된다. 식품·식품첨가물의 영양가·원재료·성분 및 용도에 관하여도 또한 같다.
② 제1항의 규정에 의한 허위표시·과대광고·과대포장의 범위 기타 필요한 사항은 보건복지부령으로 정한다.

구 식품위생법 시행규칙

제6조 (허위표시·과대광고 및 과대포장의 범위) ① 법 제11조의 규정에 의한 허위표시·과대광고의 범위는 용기·포장 및 라디오·텔레비전·신문·잡지·음곡·영상·인쇄물·간판·인터넷 그 밖의 방법에 의하여 식품등의 명칭·제조방법·품질·영양가·원재료·성분 또는 사용에 대한 정보를 나타내거나 알리는 행위중 다음 각호의 1에 해당하는 것으로 한다.
2. 질병의 치료에 효능이 있다는 내용 또는 의약품으로 혼동할 우려가 있는 내용의 표시·광고

〈사건에 대한 법원의 판단〉

"제품 함유된 식이섬유는 주로 채소와 해조류에 많이 든 영양성분으로 비만의 원인이 되는 콜레스테롤의 체내 흡수를 막아 주고 지방분해와 배변활동을 도와줘 비만을 억제하는 효과가 있는 것으로 밝혀졌고, 또한 당뇨병에 걸린 쥐로 실험한 결과 체내 혈당량을 20% 감소시키고, 콜레스테롤과 중성지방이 각각 30%씩 줄어들었는바, 이는 농촌진흥청과 아주대 의대가 공동으로 실시한 임상실험에서 입증되었다."를 게시하였는바, 위 글을 전체

적으로 살펴보면, ○○미 2호에 함유된 식이섬유가 콜레스테롤의 체내 흡수를 막아 주고 지방분해와 배변활동을 도와주며, 체내 혈당량, 콜레스테롤 및 중성지방을 감소시키는 식품영양학적 내지 생리학적 기능을 가지고 있고 그러한 기능의 결과로 비만, 당뇨병, 변비, 고혈압, 동맥경화 환자가 이를 섭취하는 경우 건강유지에 도움이 된다는 취지를 표현하였다고 보이고, 피고인이 판매하는 '라이스 △'이 위 질병들의 치료·예방을 직접적이고도 주된 목적으로 하는 것인 양 표현하였다고 보기는 어려우며, 또한 피고인이 판매하는 '라이스 △'이 제2세대 벼 품종인 '○○미 2호'에서 생산된 백미임을 명백히 알리고 있고, 어떠한 인위적 가공을 거쳤다는 표현도 없는바, 이러한 사정들을 종합하여 보면, 사회일반인의 관점에서 위와 같은 글을 보게 된다고 하여 피고인이 판매하는 백미인 '라이스 △'을 식품이 아닌 의약품으로 혼동·오인할 우려가 있다고 볼 수는 없다.

8 ····· 가공식품의 과대광고(대법원 2002도2998)

〈사건에 대한 법령 적용〉

구 식품위생법

제11조 (허위표시등의 금지) ① 식품등의 명칭·제조방법 및 품질에 관하여는 허위표시 또는 과대광고를 하지 못하고, 포장에 있어서는 과대포장을 하지 못하며, 식품·식품첨가물의 표시에 있어서는 의약품과 혼동할 우려가 있는 표시를 하거나 광고를 하여서는 아니된다. 식품·식품첨가물의 영양가 및 성분에 관하여도 또한 같다.
② 제1항의 규정에 의한 허위표시·과대광고·과대포장의 범위 기타 필요한 사항은 보건복지부령으로 정한다.

〈사건에 대한 법원의 판단〉

일반식품이 질병의 치료에 효능이 있는 것이 사실이라 할지라도, 그 제품을 식품위생법에 의하여 식품으로 공인받았을 뿐 의약품으로 공인받지 아니한 이상, 식품위생법의 규제 대상인 식품에는 그 제2조 제1호에 의하여 처음부터 의약품은 제외되어 있으므로, 그 식품을 표시하거나 광고함에 있어서 의약품과 혼동할 우려가 있는 표현을 사용한다면 그것은 식품에 관한 표시나 광고로서의 범위를 벗어나 그 자체로 식품의 품질에 관한 허위표시나 과대광고로서 소비자의 위생에 위해를 가할 우려가 있다고 할 것이어서, 식품으로 인한 위생상의 위해를 방지한다는 관점에서 식품에 관한 표시와 광고를 규제하는 식품위생법 제11조, 같은 법 시행규칙 제6조 제1항 제2호에 위반되게 되는 것이다(대법원 2002. 6. 14. 선고 2001도4633 판결 참조).

원심판결 이유에 의하면 원심은, 그 판결에서 채용하고 있는 증거들을 종합하여 피고인들이 공모하여 일간지 등에 광고를 게재한 사실 및 그 게재한 광고들의 내용에 관하여 판시와 같은 사실을 인정한 다음, 피고인들이 게재한 이 사건 광고는 이를 보는 사람들로 하여금 바란스 등의 건강보조식품이 마치 비만을 치유하는 데 특별한 효능이 있는 것으로 인식케 할 가능성이 크다고 할 것이어서, 식품위생법시행규칙 제6조 제1항 제2호, 제6호, 제9호 소정의 과대광고에 해당한다고 판단하여, 피고인들에게 무죄를 선고한 제1심판결을 파기하고 피고인들에 대한 이 부분 공소사실을 모두 유죄로 인정하였는바, 앞서 본 법리와 기록에 비추어 살펴보면, 원심의 위와 같은 사실인정과 판단은 정당하다고 수긍이 되고, 원심판결에 상고이유로 주장하는 바와 같이 채증법칙을 위배하여 사실을 잘못 인정하거나, 식품위생법 제11조 제1항 및 동법시행규칙 제6조 제1항 제2호 소정의 과대광고 또는 공동정범에 관한 법리를 오해한 위법이 있다고 할 수 없다.

9 ····· 식품의 기본적 효능과 과대광고 (수원지방법원 성남지원 2012고정332)

〈사건에 대한 법령 적용〉

구 식품위생법

제13조 (허위표시 등의 금지) ① 누구든지 식품등의 명칭·제조방법, 품질·영양표시 및 식품이력추적관리표시에 관하여는 허위표시 또는 과대광고를 하지 못하고, 포장에 있어서는 과대포장을 하지 못하며, 식품 또는 식품첨가물에는 의약품과 혼동할 우려가 있는 표시를 하거나 광고를 하여서는 아니 된다. 식품 또는 식품첨가물의 영양가·원재료·성분·용도에 관하여도 같다.

제97조 (벌칙) 다음 각 호의 어느 하나에 해당하는 자는 3년 이하의 징역 또는 3천만원 이하의 벌금에 처한다.
1. 제10조제2항(제88조에서 준용하는 경우를 포함한다), 제13조제1항, 제17조제4항, 제31조제1항, 제34조제4항, 제37조제3항·제4항, 제39조제3항, 제48조제2항·제10항 또는 제55조를 위반한 자

구 식품위생법 시행규칙

제8조 (허위표시, 과대광고 및 과대포장의 범위) ① 법 제13조에 따른 허위표시 및 과대광고의 범위는 용기·포장 및 라디오·텔레비전·신문·잡지·음악·영상·인쇄물·간판·인터넷, 그 밖의 방법으로 식품등의 명칭·제조방법·품질·영양가·원재료·성분 또는 사용에 대한 정보를 나타내거나 알리는 행위 중 다음 각 호의 어느 하나에 해당하는 것으로 한다.
2. 질병의 예방 또는 치료에 효능이 있다는 내용의 표시·광고

〈사건에 대한 양형의 이유〉

피고인은 모과차 티백을 판매하면서 '좋은차' 인터넷 홈페이지에 '원재료에 관하여: 모과는 예로부터 독특한 향을 즐기고 약용으로 쓰여 왔던 열매로 새콤하고 따뜻한 성질을 가진 모과의 신맛은 신진대사를 도와주고 소화효소의 분비를 촉진시켜 주며 모과의 떫은 맛은

기관지염에도 탁월한 도움을 줍니다'라고 게시하였고, 펜넬 티백을 판매하면서 위 홈페이지에 '새콤하면서도 달콤한 향과 시원시원한 맛을 지닌 펜넬은 이뇨작용과 발한 작용이 있어 피하지방 중의 노폐물을 배출하여 부종의 해결과 비만에도 효과적이라고 하여 고대 로마시대부터 여성들이 즐겨 마셔 온 허브차입니다'라고 게시하였던바, 위 게시자료는 일반적으로 널리 알려진 모과, 펜넬의 약리적 효능을 설명하고 있는 것에 불과하고, 그와 같은 효능이 피고인이 판매하는 모과차 티백이나 유기농 펜넬 티백에 고유한 것이라거나 어떠한 관련이 있다는 내용은 전혀 포함되어 있지 않다.

모과는 일반적으로 자주 접할 수 있는 과일이고, 펜넬은 허브차나 향신료의 재료로 자주 쓰이는 식물로서 피고인이 소개한 모과와 펜넬의 약리적인 효능은 이미 사회 일반인에게도 널리 알려져 있는 내용에 불과하다.

오히려 이는 위 차 제품들이 식품으로서 갖는 효능이라는 본질적 한계 내에서 식품에 부수되거나 영양섭취의 결과 나타나는 효과임을 표시·광고한 것이라고 할 것이다. 나아가 달리 피고인이 의약품과 혼동할 우려가 있는 표시·광고를 하였다고 인정할 만한 증거도 없다. 따라서 이 사건 공소사실을 유죄로 인정한 원심판결에는 사실을 오인하여 판결에 영향을 미친 위법이 존재한다.

〈사건에 대한 법령 적용〉

구 식품위생법

제13조 (허위표시 등의 금지) ① 누구든지 식품등의 명칭·제조방법, 품질·영양 표시, 유전자재조합식품등 및 식품이력추적관리 표시에 관하여는 다음 각 호에 해당하는 허위·과대·비방의 표시·광고를 하여서는 아니 되고, 포장에 있어서는 과대포장을 하지 못한다. 식품 또는 식품첨가물의 영양가·원재료·성분·용도에 관하여도 또한 같다.

1. 질병의 예방 및 치료에 효능·효과가 있거나 의약품 또는 건강기능식품으로 오인·혼동할 우려가 있는 내용의 표시·광고
2. 사실과 다르거나 과장된 표시·광고
3. 소비자를 기만하거나 오인·혼동시킬 우려가 있는 표시·광고
4. 다른 업체 또는 그 제품을 비방하는 광고
5. 제12조의3제1항에 따라 심의를 받지 아니하거나 심의받은 내용과 다른 내용의 표시·광고

〈사건에 대한 법원의 판단〉

일반식품이 질병의 치료에 효능이 있는 것이 사실이라 할지라도, 그 제품을 식품위생법에 의하여 식품으로 공인받았을 뿐 의약품으로 공인받지 아니한 이상, 식품위생법의 규제 대상인 식품에는 그 제2조 제1호에 의하여 처음부터 의약품은 제외되어 있으므로, 그 식품을 표시하거나 광고함에 있어서 의약품과 혼동할 우려가 있는 표현을 사용한다면 그것은 식품에 관한 표시나 광고로서의 범위를 벗어나 그 자체로 식품의 품질에 관한 허위표시나 과대광고로서 소비자의 위생에 위해를 가할 우려가 있다고 할 것이어서, 식품으로 인한 위생상의 위해를 방지한다는 관점에서 식품에 관한 표시와 광고를 규제하는 식품위생법 제

13조에 위반되게 되는 것이다.

피고인이 이 사건 식품에 들어 있는 물질에 대하여 위와 같은 내용의 특허를 받았다고 하더라도, (1) 특허는 출원 발명의 목적, 구성 및 효과를 종래 기술과 비교하여 신규성 및 진보성 등을 심사하는 제도이지, 발명의 효능과 품질을 보증하는 제도가 아닌 바, 특허청의 심사는 어디까지나 '해당 발명이 새롭고 진보된 것인지'가 주된 관심일 뿐, '해당 발명이 정말로 그 기재와 같은 효과를 가지는지'는 주된 관심사항이 아니고 특허성의 판단에 있어서 부차적인 고려사항에 불과한 점, (2) 설명 명세서 기재와 같은 효과가 있다 하더라도, 그 투약용법, 다른 원료와의 배합비율 등에 따른 부작용 발생 가능성에 대한 어떠한 검증도 없이 무분별하게 그 기능을 광고하도록 허용할 수 없는 점, (3) 피고인들로서는 해당 효능을 입증하여 의약품으로 허가받거나 건강기능식품으로 등록 받은 후 그 기능을 광고함으로써 특허권의 충분한 실시를 보장받을 수 있는 점 등에 비추어 보면, 특허 등록을 받았다는 사정만으로 위와 같은 식품위생법위반죄의 적용이 제외된다고 보기는 어렵다.

11 ⋯⋯ 중량 표시 위반 문제 (서울중앙지방법원 2011고단5397)

〈사건에 대한 법령 적용〉

구 식품위생법

제13조 (허위표시 등의 금지) ① 누구든지 식품등의 명칭·제조방법, 품질·영양 표시, 유전자재조합식품등 및 식품이력추적관리 표시에 관하여는 다음 각 호에 해당하는 허위·과대·비방의 표시·광고를 하여서는 아니 되고, 포장에 있어서는 과대포장을 하지 못한다. 식품 또는 식품첨가물의 영양가·원재료·성분·용도에 관하여도 또한 같다.

1. 질병의 예방 및 치료에 효능·효과가 있거나 의약품 또는 건강기능식품으로 오인·혼동할 우려가 있는 내용의 표시·광고
2. 사실과 다르거나 과장된 표시·광고
3. 소비자를 기만하거나 오인·혼동시킬 우려가 있는 표시·광고
4. 다른 업체 또는 그 제품을 비방하는 광고
5. 제12조의3제1항에 따라 심의를 받지 아니하거나 심의받은 내용과 다른 내용의 표시·광고

② 제1항에 따른 허위표시, 과대광고, 비방광고 및 과대포장의 범위와 그 밖에 필요한 사항은 총리령으로 정한다.

〈사건에 대한 법원의 판단〉

위 각 증거에 의하면 알 수 있는 다음과 같은 사정, 즉 ① '식품공전'에 의하면 '단순추출물'이란 '원재료를 물리적으로 또는 용매를 사용하여 추출한 것으로 특정한 성분이 제거되거나 분리되지 않은 추출물'을 말하고, 2007. 10. 19. 개정되기 전의 고시인 '식품등의 표시기준' 제2조 제5호에 의하면 '원재료'란 '인위적으로 가하는 정제수를 제외한 식품 또는 식품첨가물의 제조·가공 또는 조리에 사용되는 물질로서 최종 제품 내에 들어 있는 것'을 말하는바, 위와 같은 규정 및 그 개정, '추출'의 물리적 의미 등에 비추어 보면, 피고인이 위 각

제품을 제조하면서 보고된 고형분 함량을 맞추기 위하여 고형분 함량이 10~12%인 기존의 칡추출액에 가한 정제수는 원재료에 해당한다고 봄이 옳은 점, ② 일반 소비자의 입장에서도 이 사건과 같이 칡추출액에 정제수가 가하여졌다면 그 사실 및 그 함량을 인식함으로써 제품에 대한 인식이 높아질 수 있고, 그러한 맥락에서 위 규정의 개정 경위를 이해할 수 있는 점, ③ 피고인은, 이 사건과 같이 칡추출액에 가해지는 정제수를 원재료로 본다면 칡의 상태에 따라 추출액의 고형분 함량이 달라지고, 보고된 고형분 함량을 맞추기 위하여 가해지는 정제수 함량이 달라질 수밖에 없는 관계로, 매번 그 표시를 다시 해야 되는 결과에 이른다고 주장하나, 칡농축액을 만들어 고형분 함량을 표준화하거나 고형분 함량을 일정 %로 표시하지 않고 일정 % 이상으로 표시하는 등의 방법으로 그 문제를 해결할 수 있는 점, ④ 2007. 10. 19. 개정된 위 고시는 2009. 5. 1.부터 시행되었고, 그러한 사실을 잘 알고 있던 피고인으로서는 원재료 및 함량의 적절한 표시 방법에 관하여 검토할 충분한 시간이 있었음에도 식약청 등 관계기관에 질의를 하는 등의 노력조차도 하지 않은 채 개정 전의 고시에 따른 기존의 표시 방법을 그대로 사용한 점 등을 종합하여 보면, 피고인의 이 사건 범행을 인정할 수 있으므로 피고인의 무죄 주장은 받아들이지 않는다.

12 ⋯⋯ 광고의 정의와 범위(대법원 2013도15002)

〈사건에 대한 법령 적용〉

구 식품위생법

제13조 (허위표시 등의 금지) 관련판례벌칙규정

① 누구든지 식품등의 명칭·제조방법, 품질·영양 표시, 유전자재조합식품등 및 식품이력추적관리 표시에 관하여는 다음 각 호에 해당하는 허위·과대·비방의 표시·광고를 하여서는 아니 되고, 포장에 있어서는 과대포장을 하지 못한다. 식품 또는 식품첨가물의 영양가·원재료·성분·용도에 관하여도 또한 같다. 〈개정 2011.6.7, 2011.8.4〉

1. 질병의 예방 및 치료에 효능·효과가 있거나 의약품 또는 건강기능식품으로 오인·혼동할 우려가 있는 내용의 표시·광고
2. 사실과 다르거나 과장된 표시·광고
3. 소비자를 기만하거나 오인·혼동시킬 우려가 있는 표시·광고
4. 다른 업체 또는 그 제품을 비방하는 광고
5. 제12조의3제1항에 따라 심의를 받지 아니하거나 심의받은 내용과 다른 내용의 표시·광고

② 제1항에 따른 허위표시, 과대광고, 비방광고 및 과대포장의 범위와 그 밖에 필요한 사항은 총리령으로 정한다.

〈사건에 대한 법원의 판단〉

구 식품위생법(2011. 6. 7. 법률 제10787호로 개정되기 전의 것, 이하 '법'이라고 한다)제 97조 제1호는 제13조 제1항을 위반한 자 등을 처벌한다고 규정하고 있고, 법 제13조 제1항은 누구든지 식품에 관하여 의약품과 혼동할 우려가 있는 광고 등을 하여서는 아니 된다고 규정하고 있으며, 같은 조 제2항은 제1항에 따른 허위표시, 과대광고 및 과대포장의 범위와 그 밖에 필요한 사항은 보건복지부령으로 정한다고 규정하고 있다.

이에 따라 법 시행규칙(2011. 8. 19. 보건복지부령 제73호로 개정되기 전의 것) 제8조 는 법 제13조에 따른 허위표시 및 과대광고의 범위는 용기·포장 및 라디오·텔레비전·신문·잡지·음악·영상·인쇄물·간판·인터넷, 그 밖의 방법으로 식품 등의 명칭·제조방법·품질·영양가·원재료·성분 또는 사용에 대한 정보를 나타내거나 알리는 행위 중 질병의 치료에 효능이 있다는 내용의 광고 등 어느 하나에 해당하는 것으로 한다고 규정하고 있다.

이러한 관련 규정의 내용을 종합하면, 법 제13조 제1항에서 금지하는 '식품에 관하여 의약품과 혼동할 우려가 있는 광고'라고 함은 라디오·텔레비전·신문·잡지·음악·영상·인쇄물·간판·인터넷, 그 밖의 방법으로 식품 등의 품질·영양가·원재료·성분 등에 대하여 질병의 치료에 효능이 있다는 정보를 나타내거나 알리는 행위를 의미한다고 보아야 한다. 따라서 식품 판매자가 식품을 판매하면서 특정 구매자에게 그 식품이 질병의 치료에 효능이 있다고 설명하고 상담하였다고 하더라도 이를 가리켜 법 제13조 제1항에서 금지하는 '광고'를 하였다고 볼 수 없고, 그와 같은 행위를 반복하였다고 하여 달리 볼 것은 아니다.

이 사건 공소사실의 요지는, 누구든지 식품에 관하여 의약품과 혼동할 우려가 있는 광고를 하여서는 아니 됨에도 불구하고, 피고인은 공소외 1 주식회사의 다단계 판매조직총판으로 혼합음료 '○ ○ ○ ○'을 판매하면서, 공소외 2 등 3인을 상대로 당뇨, 관절, 고혈압, 동맥경화 등에 효능이 있는 만병통치약이라고 설명하고 상담하는 등의 방법으로 의약품과 혼동할 우려가 있는 광고를 하였다는 것이다.

원심은, 피고인이 다단계 판매조직 총판의 지위에서 이 사건 식품의 효능을 특정인에게 설명하였다고 하여 법 제13조 제1항에서 금지하는 '광고'를 하였다고 볼 수 없다는 등의 이유로 이 사건 공소사실을 무죄로 판단하였다. 원심판결 이유를 앞서 본 법리와 기록에 비추어 살펴보면, 원심의 위와 같은 판단은 정당한 것으로 수긍할 수 있고, 거기에 상고이유 주장과 같이 법 제13조 제1항이 규정하는 '광고'의 개념에 관한 법리를 오해한 잘못이 없다.

13 ····· 홍삼의 과대광고 여부(서울남부지방법원 2008노1045)

〈사건에 대한 법령 적용〉

구 식품위생법

제13조 (허위표시 등의 금지) ① 누구든지 식품등의 명칭·제조방법, 품질·영양 표시, 유전자재조합식품등 및 식품이력추적관리 표시에 관하여는 다음 각 호에 해당하는 허위·과대·비방의 표시·광고를 하여서는 아니 되고, 포장에 있어서는 과대포장을 하지 못한다. 식품 또는 식품첨가물의 영양가·원재료·성분·용도에 관하여도 또한 같다.

1. 질병의 예방 및 치료에 효능·효과가 있거나 의약품 또는 건강기능식품으로 오인·혼동할 우려가 있는 내용의 표시·광고
2. 사실과 다르거나 과장된 표시·광고
3. 소비자를 기만하거나 오인·혼동시킬 우려가 있는 표시·광고
4. 다른 업체 또는 그 제품을 비방하는 광고
5. 제12조의3제1항에 따라 심의를 받지 아니하거나 심의받은 내용과 다른 내용의 표시·광고

② 제1항에 따른 허위표시, 과대광고, 비방광고 및 과대포장의 범위와 그 밖에 필요한 사항은 총리령으로 정한다.

구 식품위생법 시행규칙

제8조 (허위표시, 과대광고, 비방광고 및 과대포장의 범위) ① 법 제13조에 따른 허위표시 및 과대광고의 범위는 용기·포장 및 라디오·텔레비전·신문·잡지·음악·영상·인쇄물·간판·인터넷, 그 밖의 방법으로 식품등의 명칭·제조방법·품질·영양가·원재료·성분 또는 사용에 대한 정보를 나타내거나 알리는 행위 중 다음 각 호의 어느 하나에 해당하는 것으로 한다.

1. 법 제19조에 따라 수입신고한 사항이나 법 제37조에 따라 허가받거나 신고·등록 또는 보고한 사항과 다른 내용의 표시·광고
2. 질병의 예방 또는 치료에 효능이 있다는 내용의 표시·광고
3. 식품등의 명칭·제조방법, 품질·영양표시, 식품이력추적표시, 식품 또는 식품첨가물의 영양가·원재료·성분·용도와 다른 내용의 표시·광고

4. 제조 연월일 또는 유통기한을 표시함에 있어서 사실과 다른 내용의 표시·광고

5. 제조방법에 관하여 연구하거나 발견한 사실로서 식품학·영양학 등의 분야에서 공인된 사항 외의 표시·광고. 다만, 제조방법에 관하여 연구하거나 발견한 사실에 대한 식품학·영양학 등의 문헌을 인용하여 문헌의 내용을 정확히 표시하고, 연구자의 성명, 문헌명, 발표 연월일을 명시하는 표시·광고는 제외한다.

6. 각종 상장·감사장 등을 이용하거나 "인증"·"보증" 또는 "추천"을 받았다는 내용을 사용하거나 이와 유사한 내용을 표현하는 광고. 다만, 다음 각 목에 해당하는 내용을 사용하는 경우는 제외한다.

　가. 「정부표창규정」에 따라 제품과 직접 관련하여 받은 상장

　나. 「정부조직법」 제2조부터 제4조까지의 규정에 따른 중앙행정기관·특별지방행정기관 및 그 부속기관, 「지방자치법」 제2조에 따른 지방자치단체 또는 「공공기관의 운영에 관한 법률」 제4조에 따른 공공기관으로부터 받은 인증·보증

　다. 「식품산업진흥법」 제22조에 따른 전통식품 품질인증, 「산업표준화법」 제15조에 따른 제품인증 등 다른 법령에 따라 받은 인증·보증

7. 외국어의 사용 등으로 외국제품으로 혼동할 우려가 있는 표시·광고 또는 외국과 기술제휴한 것으로 혼동할 우려가 있는 내용의 표시·광고

8. 다른 업소의 제품을 비방하거나 비방하는 것으로 의심되는 표시·광고나 "주문 쇄도" 등 제품의 제조방법·품질·영양가·원재료·성분 또는 효과와 직접적인 관련이 적은 내용 또는 사용하지 않은 성분을 강조함으로써 다른 업소의 제품을 간접적으로 다르게 인식하게 하는 표시·광고

9. 미풍양속을 해치거나 해칠 우려가 있는 저속한 도안·사진 등을 사용하는 표시·광고 또는 미풍양속을 해치거나 해칠 우려가 있는 음향을 사용하는 광고

10. 화학적 합성품의 경우 그 원료의 명칭 등을 사용하여 화학적 합성품이 아닌 것으로 혼동할 우려가 있는 광고

11. 판매사례품 또는 경품 제공·판매 등 사행심을 조장하는 내용의 표시·광고(「독점규제 및 공정거래에 관한 법률」에 따라 허용되는 경우는 제외한다)

12. 소비자가 건강기능식품으로 오인·혼동할 수 있는 특정 성분의 기능 및 작용에 관한 표시·광고

13. 체험기를 이용하는 광고

② 제1항제2호·제5호 및 제6호에도 불구하고 다음 각 호에 해당되는 경우에는 허위표시나 과대광고로 보지 아니한다.

1. 「식품위생법 시행령」(이하 "영"이라 한다) 제21조제8호가목·나목에 따른 휴게음식점영업소 및 일반음식점영업소에서 조리·판매하는 식품과 같은 호 바목에 따른 제과점영업소에서 제조·판매하는 식품에 대한 표시·광고

2. 영 제25조제2항제6호 본문에 따라 영업신고를 하지 아니한 식품에 대한 표시·광고3. 「농어촌발전특별조치법」 제2조제2호에 따른 농업인등 및 「농업·농촌 및 식품산업 기본법」 제28조에 따른 영농조합법인과 「수산업법」 제10조에 따른 영어조합법인이 국내산 농·임·수산물을 주된 원료로 하여 제조·가공한 메주·된장·고추장·간장·김치에 대하여 식품영양학적으로 공인된 사실이라고 식품의약품안전처장이 인정한 표시·광고

4. 그 밖에 별표 3에 따른 허위표시·과대광고로 보지 아니하는 표시 및 광고의 범위에 해당하는 표시·광고

③ 법 제13조에 따른 과대포장의 범위는 「자원의 절약과 재활용촉진에 관한 법률」 제9조에 따른 「제품의 포장재질·포장방법에 관한 기준 등에 관한 규칙」에서 정하는 바에 따른다.

④ 누구든지 식품 또는 식품첨가물에는 의약품과 혼동할 우려가 있는 표시를 하거나 광고를 하여서는 아니 된다.

〈사건에 대한 법원의 판단〉

피고인의 이 법정 및 수사기관에서의 각 진술, 인터넷 광고화면 출력물의 기재에 의하면 피고인이 인터넷을 통하여 '간고등어'를 판매하면서 홈페이지에 홍삼의 당뇨병 예방과 항 암작용에 대해서 기재한 것은 인정된다. 그러나 게재한 위 표시 또는 광고의 내용은 공소사실 자체에 의하더라도 홍삼의 약리적 효능을 설명하고 있는 것에 불과하고, 그와 같은 효능이 피고인이 판매하는 '간고등어'에 고유한 것이라거나 어떠한 관련이 있다는 내용은 포함되어 있지 아니한 점 등에 비추어 보면, 피고인은 단순히 자신이 판매하는 '간고등어' 가 건강의 증진에 도움이 되는 식품이라는 점을 홍보하여 그 판매를 촉진하고자 하는 의도에서 위와 같은 내용을 인터넷 홈페이지에 게시하였던 것으로 보일 뿐 나아가 '특정질병'의 치료 및 예방 등을 직접적이고 주된 목적으로 하였다고는 보기 어려우므로, 위와 같은 표시·광고는 어디까지나 피고인이 판매하는 식품에 대한 표시·광고일 뿐이고, 사회일반인 으로 하여금 이 사건 '간고등어'를 식품이 아닌 의약품으로 혼동하게 할 우려가 있다고 볼 수 없으며, 달리 이를 인정할 증거가 없다.

그렇다면 이 사건 공소사실은 범죄로 되지 아니하거나 범죄의 증명이 없는 경우에 해당 하므로 형사소송법 제325조에 의하여 피고인에게 무죄를 선고한다.

제6장

식품표시광고 자주 묻는 질문 FAQ

1 ····· 아주 미량 첨가된 원재료인데도,
제품명으로 강조 표시하여도 될까요?

┌─ **영업자의 질문** ─────────────────────────────

저희는 오색국수면을 제조하는 기업입니다. 국수면을 만들 때 색상을 내기 위해 강황이나 비트를 이용하며, 배합비로는 약 0.5% 투입됩니다. 강황국수, 비트국수로 제품명을 표시하여도 될지 궁금합니다.

전문가의 답변

원재료명을 제품명으로 사용할 수 있는 조건이 별도로 규정되어 있는지 문의하신 것으로 판단됩니다. 식품등의 표시기준에서는 원재료명을 제품명으로 사용할 수 있는 함량 조건에 대해서 별도로 규정하고 있지 않습니다. 즉, 말씀하신 대로, 국수면을 제조할 때 강황과 비트를 0.5% 투입하였다 하더라도 강황국수, 비트국수로 제품명 사용이 가능합니다.

다만, 제품명의 일부로 특정 원재료의 명칭을 사용하였으므로, 강황과 비트의 함량을 주표시면에 14포인트 이상의 크기로 표시하여야 하며, 원산지 표시법에 따라 정보표시면의 원재료명 표시란에 강황과 비트의 원산지를 10포인트 이상의 크기(정보표시면이 100㎠ 이상인 경우)로 진하게(굵게) 표시하시면 됩니다.

② ..... 여름철 제품 안전성을 위해서 유통기한을 설정된 기한보다 짧게 기재하려고 합니다. 가능할까요?

영업자의 질문

여름철에는 장마와 폭염으로 유통기한이 지나지 않았는데도 제품이 상했다는 클레임이 있습니다. 유통기한 설정 시험을 통해 30일 유통기한 설정을 했는데, 장마와 폭염 기간에만 일시적으로 20일 정도로 표시해서 납품해도 될까요?

전문가의 답변

제품의 유통기한은 품목제조보고 시에 첨부한 유통기한 설정 사유서에 근거하여 표시합니다. 다만, 급변하는 날씨 등을 고려하여 제품의 안전성 등을 확보하기 위한 목적으로 영업자가 설정한 유통기한보다 짧게 표시 가능합니다.

3 각기 보관온도가 다른 제품을 세트 포장할 때, 보관온도를 어떻게 표시하여야 하나요?

영업자의 질문

최근 시장에서 유행하는 밀키트 제품을 기획 중입니다. 두부, 식육가공품과 소스류를 함께 포장할 예정인데, 각 구성품 납품처에서 제품 보관온도를 각각 아래와 같이 판매 중입니다.

저희가 세트 포장으로 구성하여 유통하려고 할 때, 바깥 포장지에 보관온도를 어떻게 표시하여야 할까요?

- 냉장 식육가공품: -2~10℃

- 두부: 0~10℃

- 소스(실온 제품): 1~35℃

전문가의 답변

상기 세트 포장 제품이 하나의 품목보고가 되지 않은 제품이라면 세트 포장을 한 외포장지에는 각 구성품의 법적 의무 표시사항이 모두 표시되므로, 보관 온도 또한 각 개별 제품별로 표시를 하여야 합니다.

다만, 세트 포장 제품 단위별로 해당 제품을 보관·유통하게 되므로 보관·유통은 공통 범위의 보관 온도를 지킬 수 있도록 관리되어야 하며 세트 제품의 정보를 안내하는 포장지의 주표시면에 구성품의 공통 범위의 보관 온도를 안내하여 해당 제품이 안전하게 유통될 수 있도록 안내하는 것이 바람직합니다.

4 ······ 내용량을 표시할 때 100±10g으로 표시하여도 될까요?

영업자의 질문

공장에서 수작업으로 제품 포장을 하다 보니 중량 오차가 종종 발생합니다. 작업자 및 제품 편차 등을 고려하여 100±10g으로 설정하고, 이를 제품에 표시하여도 될까요?

전문가의 답변

식품등의 표시기준 별지 1 1. 식품 마. **내용량 규정에서는** 표시된 양과 실제량과의 부족량에 대해 허용오차(범위)를 정하고 있습니다. 내용량을 **100±10g 등과 같은 범위로** 표시하게 되는 경우 허용오차 범위를 이중으로 적용하게 되므로 이는 적절한 표시 방법이 아니며, 내용량은 반드시 단일 값으로 표시하시기 바랍니다.

식품등의 표시기준 허용오차

적용분류	표시량	허용오차
중량	50g 이하	9%
	50g 초과 100g 이하	4.5g
	100g 초과 200g 이하	4.5%
	200g 초과 300g 이하	9g
	300g 초과 500g 이하	3%
	500g 초과 1kg 이하	15g
	1kg 초과 10kg 이하	1.5%
	10kg 초과 15kg 이하	150g
	15kg 초과	1%

용량	50㎖ 이하	9%
	50㎖ 초과 100㎖ 이하	4.5㎖
	100㎖ 초과 200㎖ 이하	4.5%
	200㎖ 초과 300㎖ 이하	9㎖
	300㎖ 초과 500㎖ 이하	3%
	500㎖ 초과 1L 이하	15㎖
	1L 초과 10L 이하	1.5%
	10L 초과 15L 이하	150㎖
	15L 초과	1%

* %로 표시된 허용오차는 표시량에 대한 백분율임. 단, 두부류는 500g 미만은 10%, 500g 이상은 5%로 한다.

(참고) 건강기능식품의 허용오차범위(건강기능식품의 표시기준 별표 3)

품 목	표 시 된 양	허용오차
인삼 · 홍삼제품	3g 이하	5%
	3g 초과 100g 이하	3%
	100g 초과 1000g 이하	2%
	1000g 초과	1%
인삼 · 홍삼제품 외의 건강기능식품	50g[㎖] 이하	4%
	50g[㎖] 초과 100g[㎖] 이하	3%
	100g[㎖] 초과 1000g[㎖] 이하	2%
	1000g[㎖] 초과	1%

5 ····· '천연' 표시 가능할까요?

영업자의 질문

저희는 조미가공식품을 전문적으로 제공하는 소규모 사업장입니다. 최근 트렌드에 따라 식품 첨가물이 아닌 천연 농산물을 이용한 조미료를 개발하여, 기존 제품들과의 차별성을 부각하기 위하여 '천연 조미료'라는 문구를 표시하려고 합니다. 가능할까요?

전문가의 답변

식품표시 중 '천연'의 표시는 합성향료·착색료·보존료 또는 어떠한 인공이나 수확 후 첨가되는 화학적합성품이 포함되어 있지 않고, 비식용부분의 제거 또는 최소한의 물리적 공정(첨부)을 거친 식품과 천연케이싱(식육가공품)에 한하여 적용 가능합니다. 최소한의 물리적 공정 용어의 정의와 범위는 별표 2에서 아래와 같이 정하고 있습니다.

제조하시고자 하는 제품에 사용되는 원재료의 종류(첨가물 등 사용 여부), 제조공정(최소한의 물리적 공정)이 해당 조건에 맞는지를 확인하신 후 사용하시기 바랍니다.

「식품등의 부당한 표시 또는 광고의 내용 기준」
[별표 2] 최소한의 물리적 공정 용어 정의와 범위

공정명	용어 정의	제외
세척	물(세척액 포함)을 이용하여 불순물 제거	-
박피	칼과 기계적 마찰을 이용하여 과일이나 채소의 껍질을 벗김	열수, 스팀, 화염, 알칼리 용액 등을 이용한 박피 제외
절단	자르거나 베어서 끊음	-
압착	압력을 주어 물체를 납작하게 하여 과일주스, 종자나 견과에서 기름을 짜내는 것	-
분쇄	식품을 작은 입자로 만드는 것	마이크로, 나노 단위의 미분쇄 제외
교반	휘저어 섞는 것	-
건조	수분을 증발시켜 없애는 것(동결건조 포함)	60℃ 이상의 열풍건조 제외
냉동	-18℃ 이하로 온도를 낮추어 보존하는 것	-
냉장	0~10℃ 이하로 온도를 낮추어 보존하는 것	-
성형	틀을 써서 식품을 특정한 형태로 만드는 것	-
압출	틀이나 좁은 구멍으로 눌러서 밀어내어 국수, 냉면 등을 뽑는 것	-
여과	거름종이, 체, 망 등을 사용하여 액체 속에 들어있는 침전물을 걸러 내는 것	예) 이온교환 필터를 이용한 여과, 정밀여과, 한외여과(ultrafiltration)
원심분리	원심력을 이용하여 고체와 액체 또는 비중이 서로 다른 두 가지 액체를 나누는 것	10,000rpm 이상의 고속 원심분리 제외(특정성분 제거) 예) 초원심분리(ultracentrifugation)
혼합	손 또는 믹서로 뒤섞어서 한데 합함	-
폭기	공기를 불어넣는 것	-
숙성	식품 속의 단백질, 지방, 탄수화물이 자체의 효소, 미생물, 염류의 작용으로 알맞게 분해되어 특유의 맛과 향기를 갖게 만드는 것	-
자연발효	식품 자체의 미생물이 유기 화합물을 분해하여 알코올류, 유기산류, 이산화탄소 등을 생산하는 것	미생물을 인위적으로 투입하는 것은 제외
용해	액체 속에서 녹아 용액을 만드는 것	-

참고규정

식품등의 부당한 표시 또는 광고의 내용 기준[식품의약품안전처고시 제2019-96호, 2019. 10. 28 제정]

제2조(부당한 표시 또는 광고의 내용) 식품, 식품첨가물, 기구, 용기·포장, 건강기능식품, 축산물(이하 "식품등"이라 한다)의 부당한 표시 또는 광고 내용은 다음 각 호와 같다.
3. 소비자를 기만하는 표시 또는 광고
　차. 다음의 어느 하나에 해당하는 식품등이 "천연", "자연"(natural, nature와 이에 준하는 다른 외국어를 포함)이라는 표시·광고. 다만, 「식품의 기준 및 규격」에 따른 식육가공품 중 천연케이싱에 대한 "천연" 표현과 자연상태의 농산물·임산물·수산물·축산물에 대한 "자연" 표현은 제외한다.
　　1) 합성향료·착색료·보존료 또는 어떠한 인공이나 수확 후 첨가되는 화학적합성품이 포함된 식품등
　　2) 비식용부분의 제거 또는 최소한의 물리적 공정(별표 2의 물리적 공정을 말한다) 이외의 공정을 거친 식품등
　　3) 자연상태의 농산물·임산물·수산물·축산물, 먹는물, 유전자변형식품등, 나노식품등

6 ····· 세트 포장하는 제품의 외포장지가 투명한 경우, 외포장지에도 중복 표시를 하여야 하나요?

┌─ **영업자의 질문** ─────────────────────────────

유통회사의 요청으로 자사에서 생산하는 제품 2가지 이상을 세트 포장하여 판매하려고 계획 중입니다. 세트 포장은 투명한 비닐백에 하려고 하는데, 이 경우 투명한 비닐백에 세트 포장 된 낱개 제품의 표시사항을 다시 표시하여야 하나요?
└──

전문가의 답변

각각 품목제조보고 또는 수입신고된 완제품 형태로 두 종류 이상의 제품을 함께 판매할 목적으로 포장한 제품, 즉 세트 포장 제품 형태로 판매 제품을 구성하는 경우에는 세트 포장 제품을 최소판매 단위로 보아 세트 포장지에도 법적 표시사항을 모두 기재하여야 합니다.

다만, 포장지가 투명하여 소비자가 세트 포장을 구성하는 각 제품의 표시사항을 명확히 확인할 수 있는 경우라면, 세트 포장 외포장지에 표시를 생략할 수 있습니다.

7 ····· 우동면과 소스가 세트 포장된 제품에 '보존료 무첨가' 표시, 가능할까요?

영업자의 질문

우동면과 소스를 세트 포장하여 판매하고 있습니다. 소스류에는 법적으로 사용 가능한 보존료를 사용하지 않았기 때문에, 외포장지에 '보존료 무첨가'를 강조 표시하려고 합니다. 괜찮을까요?

전문가의 답변

식품의약품안전처장이 고시한 「식품첨가물의 기준 및 규격」에서 해당 식품등에 사용하지 못하도록 정한 보존료가 없거나 사용하지 않았다는 표시·광고는 소비자를 기만하는 표시 또는 광고로 분류됩니다.

우동면과 소스를 세트 포장한 제품의 포장지에 '보존료 무첨가' 표시를 하는 경우에는, 보존료 사용이 가능한 소스류뿐만 아니라 보존료 사용이 불가한 우동면에도 보존료를 사용하지 않은 것으로 소비자가 오인할 수 있으며, 이는 소비자를 기만하는 표시에 해당하므로 표시 불가합니다.

식품등의 부당한 표시 또는 광고의 내용 기준
[식품의약품안전처고시 제2019-96호, 2019. 10. 28., 제정]

제2조(부당한 표시 또는 광고의 내용) 식품, 식품첨가물, 기구, 용기·포장, 건강기능식품, 축산물(이하 "식품등"이라 한다)의 부당한 표시 또는 광고 내용은 다음 각 호와 같다.
1. ~ 2. 생략
3. 소비자를 기만하는 표시 또는 광고
   가. 식품의약품안전처장이 고시한 「식품의 기준 및 규격」, 「식품첨가물의 기준 및 규격」, 「기구 및 용기·포장의 기준 및 규격」, 「건강기능식품의 기준 및 규격」에서 해당 식품등에 사용하지 못하도록 정한 원재료, 식품첨가물(보존료 제외) 등이 없거나 사용하지 않았다는 표시·광고.
      (예시) 타르색소 사용이 불가능한 면류, 양념육류, 소스류, 장류, 다류, 커피, 인삼·홍삼음료에 "색소 무첨가" 표시·광고
      (예시) 고춧가루에 "고추씨 무첨가" 표시·광고
      (예시) 식품용 기구에 "DEHP Free" 표시·광고
   나. 식품의약품안전처장이 고시한 「식품첨가물의 기준 및 규격」에서 해당 식품등에 사용하지 못하도록 정한 보존료가 없거나 사용하지 않았다는 표시·광고. 이 경우 보존료는 「식품의 기준 및 규격」(제1.2.9)에 따른 데히드로초산나트륨, 소브산 및 그 염류(칼륨, 칼슘), 안식향산 및 그 염류(나트륨, 칼륨, 칼슘), 파라옥시안식향산류(메틸, 에틸), 프로피온산 및 그 염류(나트륨, 칼슘)을 말한다.
      (예시) 면류, 김치, 만두피, 양념육류 및 포장육에 "보존료 무첨가", "무보존료" 등의 표시

8 ····· 식당에서의 건강강조표시, 일반 제품에도 적용 가능할까요?

영업자의 질문

저희는 장어구이를 전문으로 생산하는 제조업소입니다. 생산되는 장어구이 제품은 직영으로 운영하는 식당으로 납품되는 유통 구조인데, 얼마 전 대형마트에서 소비자 판매용으로 납품 제안을 받았습니다.

현재 저희 직영 식당에서는 '장어의 건강 상 효능(장어가 비타민 A가 풍부하여 야맹증 예방에 좋고, 불포화지방산이 많아 고혈압 예방에 좋다는 내용 등)'을 게시, 홍보 중인데 해당 내용을 모두 마트 납품용 포장지에 기재하였는데, 식품표시광고법 위반이 된다고 합니다.

식당에서 오랜 기간 동안 문제없이 표시해왔던 사항인데, 정말 법 위반 사항인가요?

전문가의 답변

식품표시광고법 시행령 별표 1에서는 질병 또는 질병군의 발생을 예방하거나, 치료 효과가 있다는 내용, 질병의 특징적인 징후 또는 증상에 예방·치료 효과가 있다는 내용을 '부당한 표시 또는 광고의 내용'으로 규정하고 있으며, 이러한 표시·광고 행위를 하는 영업자에게는 영업정지 등의 행정처분을 명할 수 있습니다.

다만, 식품위생법 시행령 제21조 제8호의 식품접객업 영업소에서 조리·판매·제조·제공하는 식품에 대해서는 상기의 조항에 대해 예외 적용합니다.

즉, 장어가 야맹증, 고혈압 등의 예방에 효과가 좋다는 내용의 표시·광고를 일반음식점 영업자가 영업장 내에 게시, 광고하는 것은 부당한 표시 또는 광고에 따른 행정처분 대상이 되지 않지만, 동일한 내용을 식품제조가공업자가 제조하여 납품하는 제품 포장지에 기재하였다면 질병의 예방·치료에 효능이 있는 것으로 인식할 우려가 있는 표시 또는 광고로 보아 '영업정지 2개월과 해당 제품 폐기'의 행정처분의 대상이 됩니다.

〈관련 규정〉

식품 등의 표시·광고에 관한 법률 시행령 [별표 1]

부당한 표시 또는 광고의 내용(제3조제1항 관련)

1. 질병의 예방·치료에 효능이 있는 것으로 인식할 우려가 있는 다음 각 목의 표시 또는 광고
   가. 질병 또는 질병군(疾病群)의 발생을 예방한다는 내용의 표시·광고. 다만, 다음의 어느 하나에 해당하는 경우는 제외한다.
      1) 특수의료용도 등 식품[정상적으로 섭취, 소화, 흡수 또는 대사할 수 있는 능력이 제한되거나 손상된 환자 또는 질병이나 임상적 상태로 인하여 일반인과 생리적으로 특별히 다른 영양요구량을 필요로 하는 환자의 식사의 일부 또는 전부를 대신할 목적으로 이들에게 입이나 관(管)을 통하여 식사를 공급할 수 있도록 제조·가공된 식품을 말한다]에 섭취대상자의 질병명 및 "영양조절"을 위한 식품임을 표시·광고하는 경우
      2) 건강기능식품에 기능성을 인정받은 사항을 표시·광고하는 경우
   나. 질병 또는 질병군에 치료 효과가 있다는 내용의 표시·광고
   다. 질병의 특징적인 징후 또는 증상에 예방·치료 효과가 있다는 내용의 표시·광고
   라. 질병 및 그 징후 또는 증상과 관련된 제품명, 학술자료, 사진 등(이하 이 목에서 "질병정보"라 한다)을 활용하여 질병과의 연관성을 암시하는 표시·광고. 다만, 건강기능식품의 경우 다음의 어느 하나에 해당하는 표시·광고는 제외한다.
      1) 「건강기능식품에 관한 법률」 제15조에 따라 식품의약품안전처장이 고시하거나 안전성 및 기능성을 인정한 건강기능식품의 원료 또는 성분으로서 질병의 발생 위험을 감소시키는 데 도움이 된다는 내용의 표시·광고
      2) 질병정보를 제품의 기능성 표시·광고와 명확하게 구분하고, "해당 질병정보는 제품과 직접적인 관련이 없습니다"라는 표현을 병기한 표시·광고

비고
제1호 및 제3호에도 불구하고 다음 각 호에 해당하는 표시·광고는 부당한 표시 또는 광고행위로 보지 않는다.
1. 「식품위생법 시행령」 제21조제8호의 식품접객업 영업소에서 조리·판매·제조·제공하는 식품에 대한 표시·광고

9 ..... 해외에 수출하는 제품의 표시사항, 한글과 외국어를 같이 표시하여야 하나요?

영업자의 질문

저희가 생산하는 20여 개 품목 중 일부는 해외 수출용으로 생산됩니다. 해외 수출 제품에도 한글표시를 하여야 할까요?

전문가의 답변

식품표시광고법은 식품에 올바른 표시·광고를 하도록 하여 소비자의 알 권리를 보장하고 건전한 거래질서를 확립하기 위한 목적으로 시행되는 법률로서, 국내에 유통되는 제품을 대상으로 합니다.

따라서 해외 수출용 제품에 대해서는 수출국의 언어로 표시된 포장재를 사용하실 수 있고, 해당 포장지에는 한글로 표시가 되어 있지 않아도 무방합니다.

10 건강기능식품의 주표시면의 기준·규격 상의 명칭의 활자 크기를 10포인트 미만으로 표시할 수 있나요?

건강기능식품의 제품명에 기준·규격 상의 명칭이 포함되지 않으면 주표시면에는 기준·규격 상의 명칭을 가장 큰 제품명의 1/2 이상의 크기로 표시하라는 규정이 있습니다. 저희가 생산하는 건강기능식품의 제품명 활자 크기는 18포인트인데, 그럼 기준·규격 상의 명칭을 9포인트로 표시하면 되는 것인가요?

전문가의 답변

건강기능식품의 제품명에 기준·규격 상의 명칭이 포함되지 않았을 경우 제품명 주변 (바로 위·아래·옆)에 해당 기준·규격 상의 명칭 등이 뚜렷이 보이도록 가장 큰 제품명 글씨 크기의 2분의 1 이상 크기로 표시하여야 하며, 건강기능식품의 주표시면에는 10포인트 이상의 글씨 크기로 표시를 하여야 합니다.

따라서 가장 큰 제품명 글씨 크기가 18포인트인 경우 1/2 크기는 9포인트이지만 최소 활자 크기가 10포인트이므로, 기준·규격 상의 명칭은 10포인트 이상으로 적용하여야 합니다.

11 ····· 포털사이트에서 식품을 판매하는 영업자입니다.
이번에 식약처의 단속을 받아서 경찰 조사를 받게
되었습니다. 앞으로 어떤 처벌을 받게 되는 건가요?

영업자의 질문

식품의약품안전처나 지방자치단체 특별사법경찰단 혹은 식품위생감시원으로부터 단속을 받은 식품판매업 혹은 수입식품판매업 영업자는 어떤 처벌을 받게 되나요? 행정처분도 받는 건가요?

전문가의 답변

「식품위생법」, 「수입식품안전관리특별법」, 「식품 등의 표시·광고에 관한 법률」 등은 모두 행정법으로 분류되고, 이런 법률은 모두 행정처분 규정과 동시에 형사 처벌 내용도 포함되어 있어 신고 또는 등록된 영업자는 두 가지를 모두 받게 됩니다.

따라서 본인이 관련 법령에 따라 영업신고 내지 영업등록을 받은 영업자라면 형사 처벌과 동시에 관련 법령에 따라 행정처분을 받아야 합니다. 질문에서 포털사이트에서 일반식품을 판매하는 영업자는 등록내지 신고 대상 영업자가 아니므로 형사 처벌만 받게 될 것입니다.

참고로 형사 처벌은 고의성이 입증되지 않을 경우 무혐의처분을 받을 수도 있고, 초범이나 다양한 사례를 통해 정상참작되어 기소유예나 선고유예를 받으면 행정처분이 1/2로 감경될 수 있습니다.

12 체중조절용 특수용도식품을 판매하고 있습니다. 뉴스에서 사전심의가 위헌이라고 들었는데, 여전히 심의를 받아야만 하는 건가요?

영업자의 질문

예전에 건강기능식품을 판매하다가 최근에는 체중조절용 특수용도식품을 판매하는 영업자입니다. 과거 뉴스에서 사전심의가 위헌이라 받지 않아도 된다는 기사를 본 적이 있는데, 지금도 여전히 심의를 받아야 하나요?

전문가의 답변

건강기능식품에 대한 사전심의는 2018. 6. 헌법재판소로부터 위헌 결정을 받은 것은 맞습니다. 그러나 2019. 3. 14.부터 시행 중인 「식품등의 표시광고에 관한 법률」에서 자율심의를 의무적으로 받도록 규정하고 있습니다. 그리고 대상은 이전과 같이 건강기능식품과 특수용도식품이며, 향후 기능성표시가 된 일반식품도 포함될 예정입니다.

그러므로 과거와 같이 건강기능식품은 사단법인 한국건강기능식품협회, 특수용도식품은 사단법인 한국식품산업협회에 신청하여 진행하면 됩니다.

참고로 사전심의를 받지 않은 경우 과거와 같이 형사 처벌과 행정처분을 받을 수 있습니다.

13 ····· 특허받은 원료를 사용한 기타가공품을 제조의뢰해서 판매하는 유통전문판매업 영업자입니다. 특허 내용이나 제목을 광고하면 어디까지 허용되는 건가요?

영업자의 질문

국내와 국외 특허를 모두 받은 물질을 사용해서 건강보조식품을 제조해서 판매하고 있는 영업자입니다. 특허명칭에 질병에 효과가 좋다는 내용도 포함되어 있고, 실제로 다수의 논문에서 해당 물질의 효능이 입증되었습니다. 그런데 식품의약품안전처에서 발간하는 안내 책자에는 이런 내용을 사용하지 못하도록 되어 있는데, 사실인가요?

전문가의 답변

대법원 판례를 통해 「특허법」과 「식품 등의 표시광고에 관한 법률」은 목적과 취지가 달라 서로 상충되지 않으며, 단순히 특허등록이 되었다고 해서 이에 관한 효과를 그대로 식품관련 법령에서 인정할 수는 없다고 판단되고 있습니다. 이에 따라 단순히 특허등록번호를 표시하거나 광고하는 것은 문제가 없지만 특허명칭에 포함된 질병 명칭을 그대로 표시 또는 광고하는 행위나, 특허 내용을 광고하면서 질병치료 또는 예방에 효과가 있는 것으로 오인·혼동하게 하는 행위는 처벌 대상이 될 수 있습니다.

······ 얼마 전에 식품의약품안전처로부터 단속을 받았는데,
이번에는 관할 보건소에서 다녀갔습니다.
이렇게 여러 곳에서 영업자를 괴롭혀도 되나요?

┌─ **영업자의 질문** ─────────────────────────────
│
│ 얼마 전에 과대광고에 대한 민원 신고가 있었다면서 식품의약품안전처 직원들이 다녀갔으나,
│ 아무런 위반행위가 없다고 확인받았습니다. 그런데 오늘은 관할 보건소 직원들이 다녀갔습니
│ 다. 얼마 전 원산지 표시가 잘못된 것 같다고 농산물품질관리원까지 다녀간 것을 더하면 3곳
│ 의 기관에서 각각 다른 날에 회사를 방문했는데, 이런 것은 영업방해 아닌가요?
│
└───

전문가의 답변

우선 「식품위생법」, 「건강기능식품에 관한 법률」, 「수입식품안전관리특별법」, 「농산물의
원산지 표시에 관한 법률」 등 식품과 관련된 다양한 법령이 있고, 법령마다 담당하는 부처
가 다르다는 것을 알아야만 합니다. 그리고 수사기관과 행정기관도 각각 다르게 운영되고
있습니다.

식품안전에 관한 것은 식품의약품안전처가 총괄하고, 지방자치단체에 근무하는 식품위
생감시원과 함께 혹은 협조하여 단속을 할 수 있고, 이 경우에도 위해사범중앙조사단에서
형사사건으로 진행할 수도 있으며, 식품안전관리총괄과에서 현장조사 차원에서 진행할
수도 있습니다. 그리고 지방자치단체에도 개별적인 특별사법경찰단이 있어서 수사를 진
행하기도 하고, 보건소 등에서 위생점검으로 행정적인 지도나 단속을 할 수 있습니다. 이

밖에 원산지에 대해서는 식품의약품안전처가 아닌 농산물품질관리원에서 담당하고 있습니다.

결론적으로 영업자에게는 모두 동일하게 보이는 공무원이지만 각기 다른 기관에 소속되어 있어서 형사냐 행정이냐에 따라 다른 목적으로 방문할 수 있습니다.

····· 비타민C가 포함된 건강기능식품을 판매하고 있습니다.
비타민C는 고시형이고 일반적으로 널리 알려진 효능들이
많은데, 도대체 어느 정도까지 표시가 가능한 건가요?

영업자의 질문

건강기능식품 중에서 고시형 제품인 비타민C를 주원료로 하는 제품을 판매하고 있습니다.
비타민C는 다양한 효과와 효능이 있고 소비자들도 언론 보도나 방송 등을 통해 잘 알고 있습니다. 그렇다면 광고 시안을 구성할 때 어느 정도 수준까지 가능한 건가요?

전문가의 답변

판단이 어려운 경우 원칙을 생각하시면 됩니다. 건강기능식품은 의약품이 아닌 식품이지만 특정 성분에 기능성 있다는 것을 식품의약품안전처로부터 허가받은 것으로 의약품과 명백하게 구분됩니다.

비타민C의 고유 효능이 있기는 하나, 이를 알리는 과정에서 질병 치료 효과의 오인을 우려하게 하는 표현, 질병 증상에 대한 표현은 사전에 심의를 통해 걸러지고 있습니다. 비록 일부 방송이나 기사형 광고를 통해 다양한 질병에 효과가 있다는 식으로 소비자가 오인·혼동하고 있다 하더라도 제품을 판매하는 영업자는 「식품등의 표시광고에 관한 법률」에 따라 과대광고를 해서는 아니 됩니다.

16 ····· 식품제조가공업을 하는데, 사용하는 원료 중에 하나가 구매할 때 들은 것과 달리 국내산이 아니라 중국산이었습니다. 농산물품질관리원에서 연락이 왔는데 어떻게 해야 하나요?

영업자의 질문

식품제조가공업을 하는 영업자입니다. 최근 신제품을 개발하면서 원료 유통업자로부터 공급받은 것 중 하나가 구매할 때 설명들은 것과 달리 국내산이 아니라 중국산이었다고 농산물품질관리원에서 연락이 왔습니다. 앞으로 저는 어떻게 처벌을 받게 되나요?

전문가의 답변

말씀하신 내용으로는 영업자 본인도 구매 과정에서 유통업자에게 속은 것으로 판단되나, 국내산을 증명할 수 있는 증빙자료를 함께 받아 놓으신 것인지 궁금합니다. 일단 자료가 없더라도 구매처 담당자의 증언이나 진술서 등을 받아 놓으시면 수사과정에서 고의성이 없다는 것을 입증하는 데 큰 도움이 될 것입니다.

원산지와 관련해서는 식품의약품안전처가 아니라 농산물품질관리원에서 직접 특별사법경찰관이 수사를 진행하며, 관할 검찰에 송치하게 되고, 벌금형이 부과되는 약식명령으로 종결되거나 정식으로 기소되어 재판을 받을 수도 있습니다. 이때 고의성이나 과실의 정도, 그리고 사건 내용에 따라 기소유예나 선고유예를 받을 수도 있으니 포기하지 말고, 수사관에게 적극적으로 죄가 없다는 것을 강력하게 주장해야 합니다.

17 ····· 다른 회사가 유사 제품을 판매하는데
과대광고를 하고 있습니다. 어떻게 신고하면 되나요?
드러나지 않게 신고할 수 있는 방법이 있나요?

┌─ **영업자의 질문** ─────────────────────────────────

건강식품을 판매하는 영업자입니다. 최근 들어 인터넷에서 제가 판매하는 제품과 거의 동일
한 제품을 판매하는 사람들이 증가하고 있는데, 전부 과대광고를 하고 있습니다. 가만히 두자
니 매출이 감소하는 게 눈에 보이고, 고발하자니 혹시라도 보복을 당할까 두려운데, 저의 신
분을 드러내지 않고 고발하는 방법은 없나요?

└──

전문가의 답변

일반적으로 식품 사건은 내부자 고발과 경쟁회사 고발이 가장 많습니다. 실제로 소비자
들은 제조현장을 볼 수가 없고 표시나 광고에 대한 지식이 부족해서 기껏해야 이물 신고정
도가 전부입니다. 하지만 경쟁회사의 경우 해당 제품의 특성과 표시광고에 대한 전문성이
있어 고발할 경우 가장 치명적이기도 합니다.

통상 관할 행정기관이나 식품의약품안전처 1399에 유선으로 신고할 수 있고, 국민신문
고를 통해서도 민원 제기를 할 수 있습니다. 이밖에 경찰이나 검찰에 직접 고발장을 제출
하는 방법도 있지만 자신의 신분을 드러내지 않는 익명 고발의 경우 공익신고자 보호를 위
해 변호사를 선임하거나 식품안전나라 홈페이지를 통해 익명 고발을 하는 방법을 추천드
립니다.

18 ····· SNS를 통해서 제가 판매하고 있는 식품에 대해서 비방하거나 불법이라고 영상을 올리는 유튜버가 있는데 어떻게 해야 하나요?

영업자의 질문

저는 식품위생법에 따라 합법적인 제품을 만들어서 인터넷에 판매하고 있습니다. 그런데 최근 한 유튜버가 제가 판매하는 제품 화면을 캡처해서 과대광고라면서 방송을 하고 있습니다. 당장 매출에 문제는 없는데 어떻게 해야 할지 모르겠습니다. 방법이 없을까요?

전문가의 답변

최근 유튜브 방송이 인기를 끌자 다양한 콘텐츠를 가지고 승부하는 전문 유튜버들이 많이 생겨나고 있습니다. 하지만 이들은 일부 지식에 대해서는 잘 알고 있지만 전반적인 법령에 대해서는 이해도가 떨어지고 잘못된 판단으로 정상적으로 영업을 하고 있는 사람들에게 오히려 피해를 주는 경우도 있습니다.

우선 질의하신 대로 사실과 다른 내용으로 동영상을 제작하여 배포할 경우에는 정보통신망 이용촉진 및 정보보호 등에 관한 법률 제70조 제1항에 따라 처벌이 가능합니다. 간혹 자신이 공익을 위한 방송을 한 것이라며 형법 제301조에 따라 위법성이 조각된다고 주장하여 수사기관에서 이를 인정받는 경우도 있으나, 사안에 따라 달라질 수 있기 때문에 관련 내용에 대해서는 전문가의 도움을 받아 처리하시기 바랍니다.

19 ····· 제품을 OEM 전문회사에 의뢰해서 판매하고 있습니다. 그런데 단순히 제품 표시면이나 광고페이지에 판매원이라고 되어 있는데, 문제가 없는 걸까요?

┌─ **영업자의 질문** ─────────────────────────────┐

저는 단순히 식품을 판매하는 영업자입니다. 그런데 제품에 보니까 어떤 것에는 유통전문판매원, 어디에는 판매원이라고 되어 있는데 무엇이 맞는 건가요? 그리고 이것도 위반하면 처벌을 받게 되나요?

└───┘

전문가의 답변

일반 식품판매업과 유통·전문판매업이 다른 것은 오직 하나, 제품의 상표가 누구의 것이냐로 판단됩니다. 제조업체가 정한 제품 명칭이나 디자인 등으로 완전하게 제조된 식품을 그대로 구매해서 판매만 하는 경우에는 식품판매업으로 일정 규모 이상의 영업장이 아니라면 신고 대상이 아닙니다. 하지만 판매업자가 자신이 만든 상표나 브랜드, 제품 명칭으로 제조를 의뢰해서 제품을 받아 판매한다면 이는 명백하게 식품위생법 시행령 제21조 제5호 나목 3)에 규정된 유통·전문판매업입니다.

그리고 유통·전문판매업 영업을 하면서 단순 판매업이라고 표시한다면 이는 명백한 「식품등의 표시·광고에 관한 법률」 위반으로 행정처분 및 형사 처벌을 받을 수 있습니다.

※ 유통전문판매원
식품 또는 식품첨가물을 스스로 제조·가공하지 아니하고 제1호의 식품제조·가공업자 또는 제3호의 식품첨가물제조업자에게 의뢰하여 제조·가공한 식품 또는 식품첨가물을 자신의 상표로 유통·판매하는 영업

20 ····· 현재 내부자 고발로 당사가 진행하고 있는
온라인 광고의 위법 여부에 관하여 경찰에서
수사를 받고 있습니다. 담당자가 고발한 것인데,
내부고발자를 처벌할 수 있는 방법은 없나요?

영업자의 질문

마케팅 담당 직원이 자기가 실수로 과대광고 문구를 홈페이지에 올려놓고, 개인적인 문제로
인해 회사에서 다른 부서로 발령 내자 식품의약품안전처에 고발을 한 것으로 추정됩니다. 이
직원을 처벌할 방법이 없을까요?

전문가의 답변

법률을 위반한 행위자를 처벌하는 것이 원칙이라 만일 담당자가 회사의 지시가 아닌 자
신이 판단해서 그런 과대광고 문구를 홈페이지에 게재했다면 자신이 고발한 것과 별개로
자신도 처벌받게 됩니다. 그리고 회사는 법인일 경우에는 주식회사가, 개인일 경우에는 대
표자 개인이 양벌규정에 따라 동시에 처벌받을 수 있습니다. 다만 헌법재판소 결정에 따라
법인이나 대표자 개인이 평소에 직원 교육 등 관리 및 감독에 철저했다면 오히려 아무런
처벌을 받지 않을 수도 있습니다. 실제로 내부고발자가 무지해서 회사에 피해를 주려고 식
품의약품안전처에 고발했다가 자신도 결국 전과자가 된 사례도 있었습니다.

그리고 고발자에게는 만일 해당 고발행위 자체가 위법이 아닌 경우에는 무고죄로 고소
가 가능하나 내부고발의 경우 명확하게 고발자를 색출하는 것이 어렵고, 단순 추정으로는
진행이 불가능하므로 평소에 직원 관리에 노력하실 수밖에 없습니다.

제7장

첨부
자료

■ **식품 등의 표시·광고에 관한 법률 시행령 [별표 1]**

부당한 표시 또는 광고의 내용(제3조제1항 관련)

1. 질병의 예방·치료에 효능이 있는 것으로 인식할 우려가 있는 다음 각 목의 표시 또는 광고

   가. 질병 또는 질병군(疾病群)의 발생을 예방한다는 내용의 표시·광고. 다만, 다음의 어느 하나에 해당하는 경우는 제외한다.

   　1) 특수의료용도 등 식품[정상적으로 섭취, 소화, 흡수 또는 대사할 수 있는 능력이 제한되거나 손상된 환자 또는 질병이나 임상적 상태로 인하여 일반인과 생리적으로 특별히 다른 영양요구량을 필요로 하는 환자의 식사의 일부 또는 전부를 대신할 목적으로 이들에게 입이나 관(管)을 통하여 식사를 공급할 수 있도록 제조·가공된 식품을 말한다]에 섭취대상자의 질병명 및 "영양조절"을 위한 식품임을 표시·광고하는 경우

   　2) 건강기능식품에 기능성을 인정받은 사항을 표시·광고하는 경우

   나. 질병 또는 질병군에 치료 효과가 있다는 내용의 표시·광고

   다. 질병의 특징적인 징후 또는 증상에 예방·치료 효과가 있다는 내용의 표시·광고

   라. 질병 및 그 징후 또는 증상과 관련된 제품명, 학술자료, 사진 등(이하 이 목에서 "질병정보"라 한다)을 활용하여 질병과의 연관성을 암시하는 표시·광고. 다만, 건강기능식품의 경우 다음의 어느 하나에 해당하는 표시·광고는 제외한다.

   　1) 「건강기능식품에 관한 법률」 제15조에 따라 식품의약품안전처장이 고시하거나 안전성 및 기능성을 인정한 건강기능식품의 원료 또는 성분으로서 질병의 발생 위험을 감소시키는 데 도움이 된다는 내용의 표시·광고

   　2) 질병정보를 제품의 기능성 표시·광고와 명확하게 구분하고, "해당 질병정보는 제품과 직접적인 관련이 없습니다"라는 표현을 병기한 표시·광고

2. 식품등을 의약품으로 인식할 우려가 있는 다음 각 목의 표시 또는 광고

   가. 의약품에만 사용되는 명칭(한약의 처방명을 포함한다)을 사용하는 표시·광고

   나. 의약품에 포함된다는 내용의 표시·광고

   다. 의약품을 대체할 수 있다는 내용의 표시·광고

   라. 의약품의 효능 또는 질병 치료의 효과를 증대시킨다는 내용의 표시·광고

3. 건강기능식품이 아닌 것을 건강기능식품으로 인식할 우려가 있는 표시 또는 광고:「건강기능식품에 관한 법률」제3조제2호에 따른 기능성이 있는 것으로 표현하는 표시·광고. 다만, 다음 각 목의 어느 하나에 해당하는 표시·광고는 제외한다.

　가.「건강기능식품에 관한 법률」제14조에 따른 건강기능식품의 기준 및 규격에서 정한 영양성분의 기능 및 함량을 나타내는 표시·광고

　나. 제품에 함유된 영양성분이나 원재료가 신체조직과 기능의 증진에 도움을 줄 수 있다는 내용으로서 식품의약품안전처장이 정하여 고시하는 내용의 표시·광고

　다. 특수용도식품(영아·유아, 병약자, 비만자 또는 임산부·수유부 등 특별한 영양관리가 필요한 대상을 위하여 식품과 영양성분을 배합하는 등의 방법으로 제조·가공한 것을 말한다)으로 임산부·수유부·노약자, 질병 후 회복 중인 사람 또는 환자의 영양보급 등에 도움을 준다는 내용의 표시·광고

　라. 해당 제품이 발육기, 성장기, 임신수유기, 갱년기 등에 있는 사람의 영양보급을 목적으로 개발된 제품이라는 내용의 표시·광고

4. 거짓·과장된 다음 각 목의 표시 또는 광고

　가. 다음의 어느 하나에 따라 허가받거나 등록·신고한 사항과 다르게 표현하는 표시·광고

　　1)「식품위생법」제37조

　　2)「건강기능식품에 관한 법률」제5조부터 제7조까지

　　3)「축산물 위생관리법」제22조 및 제24조

　　4)「수입식품안전관리 특별법」제5조, 제15조 및 제20조

　나. 건강기능식품의 경우 식품의약품안전처장이 인정하지 않은 기능성을 나타내는 내용의 표시·광고

　다. 제2조 각 호의 사항을 표시·광고할 때 사실과 다른 내용으로 표현하는 표시·광고

　라. 제2조 각 호의 사항을 표시·광고할 때 신체의 일부 또는 신체조직의 기능·작용·효과·효능에 관하여 표현하는 표시·광고

　마. 정부 또는 관련 공인기관의 수상(受賞)·인증·보증·선정·특허와 관련하여 사실과 다른 내용으로 표현하는 표시·광고

5. 소비자를 기만하는 다음 각 목의 표시 또는 광고

　가. 식품학·영양학·축산가공학·수의공중보건학 등의 분야에서 공인되지 않은 제조방법에 관한 연구나 발견한 사실을 인용하거나 명시하는 표시·광고. 다만, 식품학 등 해당 분야의 문헌을 인용하여 내용을 정확히 표시하고, 연구자의 성명, 문헌명, 발표 연월일을 명시하는 표시·광고는 제외한다.

　나. 가축이 먹는 사료나 물에 첨가한 성분의 효능·효과 또는 식품등을 가공할 때 사용한 원재료나 성분의 효능·효과를 해당 식품등의 효능·효과로 오인 또는 혼동하게 할 우려가 있는 표시·광고

　다. 각종 감사장 또는 체험기 등을 이용하거나 "한방(韓方)", "특수제법", "주문쇄도", "단체추천" 또는 이와 유사한 표현으로 소비자를 현혹하는 표시·광고

　라. 의사, 치과의사, 한의사, 수의사, 약사, 한약사, 대학교수 또는 그 밖의 사람이 제품의 기능성을 보증하거나, 제품을 지정·공인·추천·지도 또는 사용하고 있다는 내용의 표시·광고. 다만, 의사 등이 해당 제품의 연구·개발에 직접 참여한 사실만을 나타내는 표시·광고는 제외한다.

　마. 외국어의 남용 등으로 인하여 외국 제품 또는 외국과 기술 제휴한 것으로 혼동하게 할 우려가 있는 내용의 표시·광고

　바. 조제유류(調製乳類)의 용기 또는 포장에 유아·여성의 사진 또는 그림 등을 사용한 표시·광고

　사. 조제유류가 모유와 같거나 모유보다 좋은 것으로 소비자를 오도(誤導)하거나 오인하게 할 수 있는 표

시·광고

　　아. 「건강기능식품에 관한 법률」 제15조제2항 본문에 따라 식품의약품안전처장이 인정한 사항의 일부 내용을 삭제하거나 변경하여 표현함으로써 해당 건강기능식품의 기능 또는 효과에 대하여 소비자를 오인하게 하거나 기만하는 표시·광고

　　자. 「건강기능식품에 관한 법률」 제15조제2항 단서에 따라 기능성이 인정되지 않는 사항에 대하여 기능성이 인정되는 것처럼 표현하는 표시·광고

　　차. 이온수, 생명수, 약수 등 과학적 근거가 없는 추상적인 용어로 표현하는 표시·광고

　　카. 해당 제품에 사용이 금지된 식품첨가물이 함유되지 않았다는 내용을 강조함으로써 소비자로 하여금 해당 제품만 금지된 식품첨가물이 함유되지 않은 것으로 오인하게 할 수 있는 표시·광고

6. 다른 업체나 다른 업체의 제품을 비방하는 표시 또는 광고: 비교하는 표현을 사용하여 다른 업체의 제품을 간접적으로 비방하거나 다른 업체의 제품보다 우수한 것으로 인식될 수 있는 표시·광고

7. 객관적인 근거 없이 자기 또는 자기의 식품등을 다른 영업자나 다른 영업자의 식품등과 부당하게 비교하는 다음 각 목의 표시 또는 광고

　　가. 비교표시·광고의 경우 그 비교대상 및 비교기준이 명확하지 않거나 비교내용 및 비교방법이 적정하지 않은 내용의 표시·광고

　　나. 제품의 제조방법·품질·영양가·원재료·성분 또는 효과와 직접적인 관련이 적은 내용이나 사용하지 않은 성분을 강조함으로써 다른 업소의 제품을 간접적으로 다르게 인식하게 하는 내용의 표시·광고

8. 사행심을 조장하거나 음란한 표현을 사용하여 공중도덕이나 사회윤리를 현저하게 침해하는 다음 각 목의 표시 또는 광고

　　가. 판매 사례품이나 경품의 제공 등 사행심을 조장하는 내용의 표시·광고(「독점규제 및 공정거래에 관한 법률」에 따라 허용되는 경우는 제외한다)

　　나. 미풍양속을 해치거나 해칠 우려가 있는 저속한 도안, 사진 또는 음향 등을 사용하는 표시·광고

비고

제1호 및 제3호에도 불구하고 다음 각 호에 해당하는 표시·광고는 부당한 표시 또는 광고행위로 보지 않는다.

1. 「식품위생법 시행령」 제21조제8호의 식품접객업 영업소에서 조리·판매·제조·제공하는 식품에 대한 표시·광고

2. 「식품위생법 시행령」 제25조제2항제6호 각 목 외의 부분 본문에 따라 영업신고 대상에서 제외되거나 같은 영 제26조의2제2항제6호 각 목 외의 부분 본문에 따라 영업등록 대상에서 제외되는 경우로서 가공과정 중 위생상 위해가 발생할 우려가 없고 식품의 상태를 관능검사(官能檢査)로 확인할 수 있도록 가공하는 식품에 대한 표시·광고

식품표시광고법 시행규칙 [별표 7] 행정처분 기준

■ 식품 등의 표시·광고에 관한 법률 시행규칙 [별표 7]

<u>행정처분 기준</u>(제16조 관련)

Ⅰ. 일반기준

1. 둘 이상의 위반행위가 적발된 경우로서 위반행위가 다음 각 목의 어느 하나에 해당하는 경우에는 가장 무거운 정지처분 기간에 나머지 각각의 정지처분 기간의 2분의 1을 더하여 처분한다.

   가. 영업정지에만 해당하는 경우

   나. 한 품목 또는 품목류(식품등의 기준 및 규격 중 같은 기준 및 규격을 적용받아 제조·가공되는 모든 품목을 말한다. 이하 같다)에 대하여 품목 또는 품목류 제조정지에만 해당하는 경우

2. 둘 이상의 위반행위가 적발된 경우로서 그 위반행위가 영업정지와 품목 또는 품목류 제조정지에 해당하는 경우에는 각각의 영업정지와 품목 또는 품목류 제조정지 처분기간을 제1호 일반기준에 따라 산정한 후 다음 각 목의 구분에 따라 처분한다.

   가. 영업정지 기간이 품목 또는 품목류 제조정지 기간보다 길거나 같으면 영업정지 처분만 할 것

   나. 영업정지 기간이 품목 또는 품목류 제조정지 기간보다 짧으면 그 영업정지 처분과 그 초과기간에 대한 품목 또는 품목류 제조정지 처분을 함께 부과할 것

   다. 품목류 제조정지 기간이 품목 제조정지 기간보다 길거나 같으면 품목류 제조정지 처분만 할 것

   라. 품목류 제조정지 기간이 품목 제조정지 기간보다 짧으면 그 품목류 제조정지 처분과 그 초과기간에 대한 품목 제조정지 처분을 함께 부과할 것

3. 같은 날 제조·가공한 같은 품목에 대하여 같은 위반사항이 적발된 경우에는 같은 위반행위로 본다. 다만, 부당한 광고는 같은 품목에 대하여 같은 날에 같은 매체로 광고한 경우 같은 위반행위로 본다.

4. 위반행위에 대하여 행정처분을 하기 위한 절차가 진행되는 기간(적발일부터 행정처분의 효력 발생일까지를 말한다) 중에 반복하여 같은 사항을 위반하는 경우에는 그 위반횟수마다 행정처분 기준의 2분의 1씩 더하여 처분한다.

5. 위반행위의 횟수에 따른 행정처분의 기준은 최근 1년간 같은 위반행위(품목류의 경우에는 같은 품목에 대한 같은 위반행위를 말한다. 이하 같다)를 한 경우에 적용한다. 이 경우 처분 기준의 적용은 같은 위반사항에 대한 행정처분일(행정처분의 효력발생일)과 그 처분 후 재적발일을 기준으로 한다.

6. 제5호에 따라 가중된 행정처분을 하는 경우 가중처분의 적용 차수는 그 위반행위 전 행정처분 차수(제5호에 따른 기간 내에 행정처분이 둘 이상 있었던 경우에는 높은 차수를 말한다)의 다음 차수로 한다.

7. 어떤 위반행위든 해당 위반 사항에 대하여 행정처분이 이루어진 경우에는 해당 처분 이전에 이루어진 같은 위반행위에 대해서도 행정처분이 이루어진 것으로 보아 다시 처분해서는 안 된다.

8. 제1호 및 제2호에 따른 행정처분이 있은 후 다시 행정처분을 하게 되는 경우 그 위반행위의 횟수에 따른 행정처분의 기준을 적용하는 경우에는 종전의 행정처분의 사유가 된 각각의 위반행위에 대하여 각각 행정처분을 했던 것으로 본다.

9. 4차 위반인 경우에는 다음 각 목의 기준에 따르고, 5차 위반의 경우로서 가목에 해당하는 경우에는 영업정지 6개월로 하며, 나목에 해당하는 경우에는 영업허가·등록 취소 또는 영업소 폐쇄를 한다. 가목을 6차 위반한 경우에는 영업허가·등록 취소 또는 영업소 폐쇄를 해야 한다.

　가. 3차 위반의 처분 기준이 품목 또는 품목류 제조정지인 경우에는 품목 또는 품목류 제조정지 6개월의 처분을 한다.

　나. 3차 위반의 처분 기준이 영업정지인 경우에는 3차 위반 처분 기준의 2배로 하되, 영업정지 6개월 이상인 경우에는 영업허가·등록 취소 또는 영업소 폐쇄를 한다.

10. 식품등의 출입·검사·수거 등에 따른 위반행위에 대한 행정처분의 경우에는 그 위반행위가 해당 식품 등의 제조·가공·운반·진열·보관 또는 판매·조리과정 중의 어느 과정에서 기인하는지를 판단하여 그 원인제공자에 대하여 처분해야 한다. 다만, 위반행위의 원인제공자가 식품등을 제조·가공한 영업자(식용란 수집·처리를 의뢰받은 식용란수집판매업 영업자를 포함한다)인 경우에는 다음 각 목의 해당 영업자와 함께 처분해야 한다.

　가. 「식품위생법 시행령」제21조제5호나목3)의 유통전문판매업자

　나. 「축산물 위생관리법 시행령」제21조제7호마목의 축산물유통전문판매업자

　다. 「축산물 위생관리법 시행령」제21조제7호바목의 식용란수집판매업자가 식용란 수집·처리를 다른 식용란수집판매업자에게 의뢰하여 그 수집·처리된 식용란을 자신의 상표로 유통·판매하는 식용란수집판매업자

　라. 「건강기능식품에 관한 법률 시행령」제2조제3호나목의 건강기능식품유통전문판매업자

11. 제10호 각 목 외의 부분 단서에 따라 「식품위생법 시행령」제21조제5호나목3)의 유통전문판매업, 「축산물 위생관리법 시행령」제21조제7호마목의 축산물유통전문판매업, 「건강기능식품에 관한 법률 시행령」제2조제3호나목의 건강기능식품유통전문판매업 영업자에 대하여 품목 또는 품목류 제조정지 처분을 하는 경우에는 이를 각각 그 위반행위의 원인제공자인 제조·가공업소에서 제조·가공한 해당 품목 또는 품목류의 판매정지에 해당하는 것으로 본다.

12. 즉석판매제조·가공업, 식육즉석판매제조·가공업, 식품소분업, 용기·포장류제조업, 식육포장처리업, 식품조사처리업, 수입식품등 수입·판매업에 대한 행정처분의 경우 그 처분의 양형이 품목 제조정지에 해당하는 경우에는 품목 제조정지 기간의 3분의 1에 해당하는 기간으로 영업정지 처분을 하고, 그 처분의 양형이 품목류 제조정지에 해당하는 경우에는 품목류 제조정지 기간의 2분의 1에 해당하는 기간으로 영업정지 처분을 해야 한다.

13. 다음 각 목의 어느 하나에 해당하는 경우에는 행정처분의 기준이 영업정지 또는 품목·품목류 제조정지인 경우에는 정지처분 기간의 2분의 1 이하의 범위에서 그 처분을 경감할 수 있고, 영업허가·등록 취소 또는 영업장 폐쇄인 경우에는 영업정지 3개월 이상의 범위에서 그 처분을 경감할 수 있다.

가. 표시기준의 위반사항 중 일부 제품에 대한 제조일자 등의 표시누락 등 그 위반사유가 영업자의 고의나 과실이 아닌 단순한 기계작동상의 오류에 기인한다고 인정되는 경우

나. 식품등을 제조·포장·가공만 하고 시중에 유통시키지 않은 경우

다. 식품등을 제조·포장·가공 또는 판매하는 자가 식품이력추적관리, 축산물가공품이력추적관리 또는 건강기능식품이력추적관리 등록을 한 경우

라. 위반사항 중 그 위반의 정도가 경미하거나 고의성이 없는 사소한 부주의로 인한 것인 경우

마. 해당 위반사항에 관하여 검사로부터 기소유예의 처분을 받거나 법원으로부터 선고유예의 판결을 받은 경우로서 그 위반사항이 고의성이 없거나 국민보건상 인체의 건강을 해칠 우려가 없다고 인정되는 경우

바. 「식품위생법 시행규칙」 별표 17 제7호머목에 따라 공통찬통, 소형찬기 또는 복합찬기를 사용하거나, 손님이 남긴 음식물을 싸서 가지고 갈 수 있도록 포장용기를 갖춰 두고 이를 손님에게 알리는 등 음식문화개선을 위해 노력하는 식품접객업자인 경우. 다만, 1차 위반에 해당하는 경우에만 경감할 수 있다.

사. 그 밖에 식품등의 수급정책상 필요하다고 인정되는 경우

14. 영업정지 1개월은 30일을 기준으로 한다.

15. 행정처분의 기간이 소수점 이하로 산출되는 경우에는 소수점 이하를 버린다.

II. 개별기준

1. 「식품위생법 시행령」 제21조제1호부터 제3호까지, 제5호가목·나목3), 제6호가목, 제7호의 식품제조·가공업, 즉석판매제조·가공업, 식품첨가물제조업, 식품소분업·유통전문판매업, 식품조사처리업, 용기·포장류제조업, 「축산물 위생관리법 시행령」 제21조제3호·제4호·제7호마목·제8호의 축산물가공업·식육포장처리업·축산물유통전문판매업·식육즉석판매가공업, 「건강기능식품에 관한 법률 시행령」 제2조제1호·제3호나목의 건강기능식품제조업·건강기능식품유통전문판매업 및 「수입식품안전관리 특별법 시행령」 제2조제1호의 수입식품등 수입·판매업

위반사항	근거 법조문	행정처분 기준		
		1차 위반	2차 위반	3차 위반
가. 법 제4조제3항을 위반한 경우 1) 식품등에 대한 표시사항을 위반한 경우로서 가) 표시 대상 식품등에 표시사항 전부를 표시하지 않거나 표시하지 않은 식품을 영업에 사용한 경우 나) 법 제4조제1항 및 이 규칙 별표 1 제5호(「축산물 위생관리법 시행령」 제21조제8호에 따른 식육즉석판매가공업만 해당한다)를 위반하여 표시해야 할 사항 전부 또는 일부를 표시하지 않는 경우	법 제14조부터 제17조까지	영업정지 1개월과 해당 제품 폐기 시정명령	영업정지 2개월과 해당 제품 폐기 영업정지 7일	영업정지 3개월과 해당 제품 폐기 영업정지 15일

다) 법 제4조제1항제3호다목의 보관 방법과 같은 호 라목·바목·사목의 표시기준을 위반한 건강기능식품을 제조·수입·판매한 경우	영업정지 15일	영업정지 1개월	영업정지 2개월
라) 법 제4조제1항제3호마목의 표시기준을 위반한 건강기능식품을 제조·수입·판매한 경우	품목 제조정지 15일과 해당 제품 폐기	품목 제조정지 1개월과 해당 제품 폐기	품목 제조정지 2개월과 해당 제품 폐기
2) 주표시면에 표시해야 할 사항을 표시하지 않거나 표시기준에 부적합한 경우로서			
가) 주표시면에 제품명 및 내용량을 전부 표시하지 않은 경우	품목 제조정지 1개월	품목 제조정지 2개월	품목 제조정지 3개월
나) 주표시면에 제품명을 표시하지 않은 경우	품목 제조정지 15일	품목 제조정지 1개월	품목 제조정지 2개월
다) 주표시면에 내용량을 표시하지 않은 경우	시정명령	품목 제조정지 15일	품목 제조정지 1개월
3) 제품명 표시기준을 위반한 경우로서			
가) 특정 원재료 및 성분을 제품명에 사용 시 주표시면에 그 함량을 표시하지 않은 경우	품목 제조정지 15일	품목 제조정지 1개월	품목 제조정지 2개월
나) 표시기준을 위반한 제품명을 영업에 사용한 경우	품목 제조정지 15일	품목 제조정지 1개월	품목 제조정지 2개월
4) 제조연월일, 산란일 또는 유통기한 표시기준을 위반한 경우로서			
가) 제조연월일, 산란일 또는 유통기한을 표시하지 않거나 표시하지 않은 식품등을 영업에 사용한 경우(제조연월일, 산란일, 유통기한 표시 대상 식품등만 해당한다)	품목 제조정지 15일과 해당 제품 폐기	품목 제조정지 1개월과 해당 제품 폐기	품목 제조정지 2개월과 해당 제품 폐기
나) 유통기한을 품목제조보고한 기한보다 초과하여 표시한 경우	영업정지 7일과 해당 제품 폐기	영업정지 15일과 해당 제품 폐기	영업정지 1개월과 해당 제품 폐기
다) 제조연월일, 산란일 표시기준을 위반하여 유통기한을 연장한 경우	영업정지 1개월과 해당 제품 폐기	영업정지 2개월과 해당 제품 폐기	영업정지 3개월과 해당 제품 폐기

	1차 위반	2차 위반	3차 위반
라) 제품에 표시된 제조연월일, 산란일 또는 유통기한을 변조한 경우 (가공 없이 포장만을 다시 하여 변조 표시한 경우를 포함한다)	영업허가·등록 취소 또는 영업소 폐쇄와 해당 제품 폐기		
5) 원재료명·성분 표시기준을 위반한 경우로서			
가) 사용한 원재료의 전부를 표시하지 않은 경우	품목 제조정지 15일	품목 제조정지 1개월	품목 제조정지 2개월
나) 사용한 원재료의 일부를 표시하지 않은 경우	시정명령	품목 제조정지 15일	품목 제조정지 1개월
다) 소비자 안전을 위한 주의사항 중 알레르기 유발물질 표시 대상을 별도 알레르기 표시란에 표시하지 않은 경우	품목 제조정지 15일과 해당 제품 폐기	품목 제조정지 1개월과 해당 제품 폐기	품목 제조정지 2개월과 해당 제품 폐기
라) 식품등의 기준 및 규격에 따라 명칭과 용도를 함께 표시해야 하는 감미료, 착색료, 보존료, 산화방지제를 표시하지 않은 경우	시정명령	품목 제조정지 7일	품목 제조정지 15일
6) 식품 또는 식품첨가물을 소분할 때 원제품에 표시된 제조연월일 또는 유통기한을 초과하여 표시하는 등 원표시사항을 변경한 경우	영업정지 1개월과 해당 제품 폐기	영업정지 2개월과 해당 제품 폐기	영업정지 3개월과 해당 제품 폐기
7) 내용량을 표시할 때 부족량이 허용오차를 위반한 경우[8)에 해당하는 경우는 제외한다]로서			
가) 표시 내용량이 20퍼센트 이상 부족한 것	품목 제조정지 2개월	품목 제조정지 3개월	품목류 제조정지 3개월
나) 표시 내용량이 10퍼센트 이상 20퍼센트 미만 부족한 것	품목 제조정지 1개월	품목 제조정지 2개월	품목 제조정지 3개월
다) 표시 내용량이 10퍼센트 미만 부족한 것	시정명령	품목 제조정지 15일	품목 제조정지 1개월
8) 다음의 어느 하나에 해당하는 경우로서 식품을 변조된 중량으로 판매하거나 판매할 목적으로 제조·가공·저장·운반 또는 진열 등 영업에 사용한 경우	영업허가·등록 취소 또는 영업소 폐쇄와 해당 제품 폐기		
가) 식품에 납·얼음·한천·물 등 이물을 혼입시킨 경우			

나) 냉동수산물의 내용량이 부족량 허용오차를 위반하면서 냉동수산물에 얼음막을 내용량의 20퍼센트를 초과하도록 생성시킨 경우				
9) 조사처리식품·축산물의 표시기준을 위반한 경우로서				
가) 조사처리된 식품·축산물을 표시하지 않은 경우		품목 제조정지 15일 시정명령	품목 제조정지 1개월 품목 제조정지 15일	품목 제조정지 2개월 품목 제조정지 1개월
나) 조사처리식품·축산물을 표시할 때 기준을 위반하여 표시한 경우				
나. 법 제5조제3항 및 제6조제3항을 위반한 경우(법 제31조에 따른 과태료 부과 대상에 해당하는 위반사항은 제외한다)	법 제14조 및 제16조			
1) 영양성분 표시기준을 위반한 경우		시정명령	영업정지 5일	영업정지 10일
2) 나트륨 함량 비교 표시(전자적 표시를 포함한다)를 하지 않거나 비교 표시 기준 및 방법을 지키지 않은 경우		시정명령	영업정지 5일	영업정지 10일
다. 법 제7조제2항을 위반한 경우로서 별표 6 제2호 또는 제3호를 위반한 경우	법 제14조	시정명령		
라. 법 제8조제1항을 위반한 경우	법 제14조부터 제17조까지			
1) 질병의 예방·치료에 효능이 있는 것으로 인식할 우려가 있는 표시 또는 광고		영업정지 2개월과 해당 제품(표시된 제품만 해당한다) 폐기	영업허가·등록 취소 또는 영업소 폐쇄와 해당 제품(표시된 제품만 해당한다) 폐기	
2) 식품등을 의약품으로 인식할 우려가 있는 표시 또는 광고		영업정지 15일(건강기능식품의 경우 영업정지1개월로한다)	영업정지 1개월(건강기능식품의 경우 영업정지2개월로한다)	영업정지 2개월(건강기능식품의 경우 영업허가를 취소한다)
3) 건강기능식품이 아닌 것을 건강기능식품으로 인식할 우려가 있는 표시 또는 광고		영업정지 7일	영업정지 15일	영업정지 1개월

4) 거짓·과장된 표시 또는 광고, 소비자를 기만하는 표시 또는 광고, 다른 업체나 다른 업체의 제품을 비방하는 표시 또는 광고, 객관적인 근거 없이 자기 또는 자기의 식품등을 다른 영업자나 다른 영업자의 식품등과 부당하게 비교하는 표시 또는 광고, 사행심을 조장하거나 음란한 표현을 사용하여 공중도덕이나 사회윤리를 현저하게 침해하는 표시 또는 광고로서			
가) 체험기 및 체험사례 등 이와 유사한 내용을 표현하는 표시·광고	품목 제조정지 1개월	품목 제조정지 2개월	품목 제조정지 3개월
나) 제품과 관련이 없거나 사실과 다른 수상(受賞) 또는 상장의 표시·광고를 한 경우	영업정지 7일	영업정지 15일	영업정지 1개월
다) 「식품위생법」 제12조의2제1항 및 「건강기능식품에 관한 법률」 제17조의2에 따른 유전자변형식품등을 유전자변형식품등이 아닌 것으로 표시·광고한 경우	품목 제조정지 1개월	품목 제조정지 2개월	품목 제조정지 3개월
라) 다른 식품·축산물의 유형과 오인·혼동하게 하는 표시·광고를 한 경우	품목 제조정지 15일	품목 제조정지 1개월	품목 제조정지 2개월
마) 사용하지 않은 원재료명 또는 성분명을 표시·광고한 경우	품목 제조정지 1개월	품목 제조정지 2개월	품목 제조정지 3개월
바) 이온수·생명수 또는 약수 등 사용하지 못하도록 한 용어를 사용하여 표시·광고한 경우	영업정지 15일	영업정지 1개월	영업정지 2개월
사) 사용금지된 식품첨가물이 함유되지 않았다는 내용을 강조하기 위해 "첨가물 무"등으로 표시·광고한 경우	영업정지 15일	영업정지 1개월	영업정지 2개월
아) 사료·물에 첨가한 성분이나 축산물의 제조 시 혼합한 원재료 또는 성분이 가지는 효능·효과를 표시하여 해당 축산물 자체에는 그러한 효능·효과가 없음에도 불구하고 효능·효과가 있는 것처럼 혼동할 우려가 있는 것으로 표시·광고한 경우	영업정지 7일	영업정지 15일	영업정지 1개월

자) 「축산물 위생관리법」 제9조제3항에 따른 안전관리인증작업장·안전관리인증업소 또는 안전관리인증농장으로 인증 받지 않고 해당 명칭을 사용한 경우		영업정지 1개월	영업정지 2개월	영업정지 3개월
차) 법 제4조제1항 및 이 규칙 별표 1 제5호(「축산물 위생관리법 시행령」 제21조제8호에 따른 식육즉석판매가공업만 해당한다) 표시사항 전부 또는 일부를 거짓으로 표시한 경우		영업정지 7일	영업정지 15일	영업정지 1개월
카) 그 밖에 가)부터 차)까지를 제외한 부당한 표시·광고를 한 경우		시정명령	품목 제조정지 15일	품목 제조정지 1개월
5) 표시·광고 심의 대상 중 심의를 받지 않거나 심의 결과에 따르지 않은 표시 또는 광고		품목 제조정지 15일	품목 제조정지 1개월	품목 제조정지 2개월
마. 법 제9조제3항을 위반한 경우로서 실증자료 제출을 요청받은 자가 실증자료를 제출하지 않은 경우	법 제14조	시정명령		
바. 법 제14조에 따른 시정명령을 이행하지 않은 경우	법 제16조	영업정지 15일	영업정지 1개월	영업정지 2개월
사. 법 제15조제1항 및 제2항을 위반한 경우	법 제16조			
1) 회수조치를 하지 않은 경우		영업정지 2개월	영업정지 3개월	영업허가·등록 취소 또는 영업소 폐쇄
2) 회수계획을 보고하지 않거나 거짓으로 보고한 경우		영업정지 1개월	영업정지 2개월	영업정지 3개월
아. 법 제15조제3항을 위반한 경우	법 제15조 및 제16조			
1) 회수하지 않고도 회수한 것으로 속인 경우		영업허가·등록 취소 또는 영업소 폐쇄와 해당제품 폐기		
2) 그 밖에 회수명령을 받고 회수하지 않은 경우		영업정지 1개월	영업정지 2개월	영업정지 3개월

위반행위	근거 법조문	행정처분 기준		
		1차위반	2차위반	3차위반
자. 영업정지 처분 기간 중에 영업을 한 경우	법 제16조	영업허가·등록 취소 또는 영업소 폐쇄		
차. 그 밖에 가목부터 자목까지를 제외한 법을 위반한 경우(법 제31조에 따른 과태료 부과 대상에 해당하는 위반사항은 제외한다)	법 제14조 및 제17조	시정명령	품목 제조정지 15일	품목 제조정지 1개월

2. 「축산물 위생관리법 시행령」 제21조제1호·제2호 및 제3호의2의 도축업·집유업 및 식용란선별포장업

위반행위	근거 법조문	행정처분 기준		
		1차위반	2차위반	3차위반
가. 법 제4조제3항을 위반한 경우(닭, 오리 등 가금류의 식육 중 포장을 하는 경우만 해당한다)	법 제14조부터 제16조까지			
1) 표시 대상 축산물에 표시사항 전부(합격표시, 작업장의 명칭, 작업장의 소재지, 생산연월일, 유통기한, 보존방법 및 내용량)를 표시하지 않은 경우		영업정지 1개월과 해당 제품 폐기	영업정지 2개월과 해당 제품 폐기	영업정지 3개월과 해당 제품 폐기
2) 작업장의 명칭, 작업장의 소재지, 보존방법 및 내용량을 전부 표시하지 않은 경우		영업정지 15일과 해당 제품 폐기	영업정지 1개월과 해당 제품 폐기	영업정지 2개월과 해당 제품 폐기
3) 작업장의 명칭, 작업장의 소재지 또는 보존방법 중 1개 이상을 표시하지 않은 경우		영업정지 7일과 해당 제품 폐기	영업정지 15일과 해당 제품 폐기	영업정지 1개월과 해당 제품 폐기
4) 내용량만을 표시하지 않은 경우		시정명령	영업정지 7일과 해당 제품 폐기	영업정지 15일과 해당 제품 폐기
5) 생산연월일 또는 유통기한 중 1개 이상을 표시하지 않은 경우		영업정지 7일과 해당 제품 폐기	영업정지 15일과 해당 제품 폐기	영업정지 1개월과 해당 제품 폐기
6) 제품에 표시된 생산연월일 또는 유통기한을 변조한 경우(가공 없이 포장만 다시 하여 변조 표시한 경우를 포함한다)		영업허가·등록 취소와 해당 제품 폐기		

위반사항	근거 법령	1차 위반	2차 위반	3차 위반
7) 생산연월일 표시기준을 위반하여 유통기한을 연장한 경우		영업정지 1개월과 해당 제품 폐기	영업정지 2개월과 해당 제품 폐기	영업정지 3개월과 해당 제품 폐기
8) +식육 포장지에 합격표시를 표시하지 않은 경우		시정명령	영업정지 10일	영업정지 20일
나. 법 제8조제1항을 위반한 경우(닭, 오리 등 가금류의 식육 중 포장을 하는 경우만 해당한다)	법 제14조 및 제16조			
1) 거짓·과장된 표시 또는 광고, 소비자를 기만하는 표시 또는 광고, 다른 업체나 다른 업체의 제품을 비방하는 표시 또는 광고, 객관적인 근거 없이 자기 또는 자기의 식품등을 다른 영업자나 다른 영업자의 식품등과 부당하게 비교하는 표시 또는 광고, 사행심을 조장하거나 음란한 표현을 사용하여 공중도덕이나 사회윤리를 현저하게 침해하는 표시 또는 광고		시정명령	영업정지 10일	영업정지 20일
2) 「축산물 위생관리법」 제9조제2항에 따라 작성·운용하고 있는 자체안전관리인증기준과 다른 내용의 표시·광고 또는 자체안전관리인증기준을 작성·운용하고 있지 않으면서 이를 작성·운용하고 있다는 내용의 표시 또는 광고		영업정지 1개월	영업정지 2개월	영업정지 3개월
다. 법 제9조제3항을 위반한 경우로서 실증자료 제출을 요청받은 자가 실증자료를 제출하지 않은 경우	법 제14조	시정명령		
라. 법 제14조에 따른 시정명령을 이행하지 않은 경우	법 제16조	영업정지 15일	영업정지 1개월	영업정지 2개월
마. 영업정지 처분 기간 중에 영업을 한 경우	법 제16조	영업허가·등록 취소 또는 영업소 폐쇄		
바. 그 밖에 가목부터 마목까지를 제외한 법을 위반한 경우	법 제14조 및 제16조	시정명령	영업정지 15일	영업정지 1개월

3. 「식품위생법 시행령」제21조제4호·제5호나목의 식품운반업·식품판매업[제5호나목3)의 유통전문판매업은 제외한다], 「축산물 위생관리법 시행령」제21조제5호부터 제7호까지의 축산물보관업·축산물운반업·축산물판매업(제7호마목의 축산물유통전문판매업은 제외한다), 「건강기능식품에 관한 법률 시행령」제2조제3호의 건강기능식품판매업(제3호나목의 건강기능식품유통전문판매업은 제외한다) 및 「수입식품안전관리 특별법 시행령」제2조제3호의 수입식품등 인터넷 구매 대행업

위반사항	근거 법조문	행정처분기준		
		1차 위반	2차 위반	3차 위반
가. 법 제4조제3항을 위반한 경우	법 제14조부터 제16조까지			
1) 식품등에 대한 표시사항을 위반한 경우				
가) 표시 대상 식품등에 표시사항 전부를 표시하지 않은 것을 진열·운반·판매한 경우		영업정지 1개월과 해당 제품 폐기	영업정지 2개월과 해당 제품 폐기	영업정지 3개월과 해당 제품 폐기
나) 수입식품등에 한글표시를 하지 않은 것을 진열·운반·판매한 경우		영업정지 1개월과 해당 제품 폐기	영업정지 2개월과 해당 제품 폐기	영업정지 3개월과 해당 제품 폐기
다) 법 제4조제1항 및 이 규칙 별표 1 제5호(「축산물 위생관리법 시행령」제21조제7호가목에 따른 식육판매업만 해당한다) 및 제6호를 위반하여 표시해야 할 사항 전부 또는 일부를 표시하지 않는 경우		시정명령	영업정지 7일	영업정지 15일
라) 법 제4조제1항제3호다목의 보관방법과 제3호라목·바목·사목의 표시기준을 위반한 건강기능식품을 판매한 경우		영업정지 7일	영업정지 15일	영업정지 1월
마) 법 제4조제1항제3호마목의 표시기준을 위반한 건강기능식품을 제조·수입·판매한 경우		영업정지 5일	영업정지 10일	영업정지 15일
2) 주표시면에 제품명 및 내용량을 표시하지 않은 것을 진열·운반·판매한 경우		시정명령	영업정지 7일	영업정지 15일
3) 제조연월일, 산란일 또는 유통기한 표시기준을 위반한 경우로서				

가) 제조연월일, 산란일 또는 유통기한을 표시하지 않은 것을 진열·판매한 경우(제조연월일, 산란일 또는 유통기한 표시 대상 식품등만 해당한다)		영업정지 7일과 해당 제품 폐기	영업정지 15일과 해당 제품 폐기	영업정지 1개월과 해당 제품 폐기
나) 제조연월일 또는 산란일 표시기준을 위반하여 유통기한을 연장한 경우		영업정지 1개월과 해당 제품 폐기	영업정지 2개월과 해당 제품 폐기	영업정지 3개월과 해당 제품 폐기
다) 제품에 표시된 제조연월일, 산란일 또는 유통기한을 변조한 경우(가공 없이 포장만을 다시 하여 변조 표시한 경우를 포함한다)		영업허가·등록 취소 또는 영업소 폐쇄와 해당 제품 폐기		
4) 달걀의 껍데기 표시기준을 위반한 경우로서 다음의 어느 하나에 해당하는 경우				
가) 달걀의 껍데기 표시사항을 위조하거나 변조한 경우		영업허가·등록 취소 또는 영업소 폐쇄와 해당 제품 폐기		
나) 달걀의 껍데기 표시사항 중 산란일 또는 「축산법 시행규칙」 제27조제5항에 따라 축산업 허가를 받은 자에게 부여한 고유번호를 표시하지 않은 경우		영업정지 15일과 해당 제품 폐기	영업정지 1개월과 해당 제품 폐기	영업정지 2개월과 해당 제품 폐기
나. 법 제7조제2항을 위반한 경우로서 별표 6 제2호 또는 제3호를 위반한 경우	법 제14조	시정명령		
다. 법 제8조제1항을 위반한 경우	법 제14조부터 제16조까지			
1) 질병의 예방·치료에 효능이 있는 것으로 인식할 우려가 있는 표시 또는 광고		영업정지 2개월과 해당제품(표시된 제품만 해당한다) 폐기	영업허가·등록 취소 또는 영업소 폐쇄와 해당 제품(표시된 제품만 해당한다) 폐기	

2) 식품등을 의약품으로 인식할 우려가 있는 표시 또는 광고		영업정지 15일(건강기능식품의 경우 영업정지 1개월로 한다)	영업정지 1개월(건강기능식품의 경우 영업정지 2개월로 한다)	영업정지 2개월(건강기능식품의 경우 영업소를 폐쇄한다)
3) 건강기능식품이 아닌 것을 건강기능식품으로 인식할 우려가 있는 표시 또는 광고		영업정지 7일	영업정지 15일	영업정지 1개월
4) 거짓·과장된 표시 또는 광고, 소비자를 기만하는 표시 또는 광고, 다른 업체나 다른 업체의 제품을 비방하는 표시 또는 광고, 객관적인 근거 없이 자기 또는 자기의 식품등을 다른 영업자나 다른 영업자의 식품등과 부당하게 비교하는 표시 또는 광고, 사행심을 조장하거나 음란한 표현을 사용하여 공중도덕이나 사회윤리를 현저하게 침해하는 표시 또는 광고로서				
가) 체험기 및 체험사례 등 이와 유사한 내용을 표현하는 광고를 한 경우		영업정지 7일	영업정지 15일	영업정지 1개월
나) 사실과 다르거나 제품과 관련 없는 수상 또는 상장의 표시·광고를 한 경우		영업정지 7일	영업정지 15일	영업정지 1개월
다) 다른 식품·축산물의 유형과 오인·혼동하게 하는 표시·광고를 한 경우		영업정지 7일	영업정지 15일	영업정지 1개월
라) 사용하지 않은 원재료명 또는 성분명을 표시·광고한 경우		영업정지 7일	영업정지 15일	영업정지 1개월
마) 사료·물에 첨가한 성분이나 축산물의 제조 시 혼합한 원재료 또는 성분이 가지는 효능·효과를 표시하여 해당 축산물 자체에는 그러한 효능·효과가 없음에도 불구하고 효능·효과가 있는 것처럼 혼동할 우려가 있는 것으로 표시·광고한 경우		영업정지 7일	영업정지 15일	영업정지 1개월

바) 「축산물 위생관리법」 제9조제3항에 따른 안전관리인증작업장·안전관리인증업소 또는 안전관리인증농장으로 인증받지 않고 해당 명칭을 사용한 경우		영업정지 1개월	영업정지 2개월	영업정지 3개월
사) 법 제4조제1항 및 이 규칙 별표 1 제5호(「축산물 위생관리법 시행령」 제21조제7호가목에 따른 식육판매업만 해당한다) 및 제6호의 표시사항 전부 또는 일부를 거짓으로 표시한 경우		영업정지 7일	영업정지 15일	영업정지 1개월
아) 그 밖에 가)부터 사)까지를 제외한 부당한 표시·광고를 한 경우		시정명령	영업정지 5일	영업정지 10일
5) 표시·광고 심의 대상 중 심의를 받지 않거나 심의 결과에 따르지 않은 표시 또는 광고		영업정지 5일	영업정지 10일	영업정지 20일
라. 법 제9조제3항을 위반한 경우로서 실증자료 제출을 요청받은 자가 실증자료를 제출하지 않은 경우	법 제14조	시정명령		
마. 법 제14조에 따른 시정명령을 이행하지 않은 경우	법 제16조	영업정지 7일	영업정지 15일	영업정지 1개월
바. 법 제15조제1항 및 제2항을 위반한 경우	법 제16조			
1) 회수조치를 하지 않은 경우		영업정지 2개월	영업정지 3개월	영업허가·등록 취소 또는 영업소 폐쇄
2) 회수 계획을 보고하지 않거나 거짓으로 보고한 경우		영업정지 1개월	영업정지 2개월	영업정지 3개월
사. 영업정지 처분 기간 중에 영업을 한 경우	법 제16조	영업허가 취소 또는 영업소 폐쇄		
아. 그 밖에 가목부터 사목까지를 제외한 법을 위반한 경우(법 제31조에 따른 과태료 부과 대상에 해당하는 위반사항은 제외한다)	법 제14조 및 제16조	시정명령	영업정지 5일	영업정지 10일

4. 「식품위생법 시행령」 제21조제8호의 식품접객업

위반사항	근거 법조문	행정처분 기준		
		1차 위반	2차 위반	3차 위반
가. 법 제4조제3항을 위반한 경우	법 제14조부터 제16조까지			
1) 식품·축산물·식품첨가물(수입품을 포함한다)에 대한 표시사항을 위반한 경우로서				
가) 표시사항 전부를 표시하지 않은 것을 사용한 경우		영업정지 1개월과 해당 제품 폐기	영업정지 2개월과 해당 제품 폐기	영업정지 3개월과 해당 제품 폐기
나) 수입식품등에 한글표시를 하지 않은 것을 사용한 경우		영업정지 1개월과 해당 제품 폐기	영업정지 2개월과 해당 제품 폐기	영업정지 3개월과 해당 제품 폐기
2) 제조연월일, 산란일 또는 유통기한 표시기준을 위반한 경우로서				
가) 제조연월일, 산란일 또는 유통기한을 표시하지 않은 것을 사용한 경우(제조연월일, 산란일 또는 유통기한 표시 대상 식품등만 해당한다)		영업정지 7일과 해당 음식물 폐기	영업정지 15일과 해당 음식물 폐기	영업정지 1개월과 해당 음식물 폐기
나) 제조연월일, 산란일 표시기준을 위반하여 유통기한을 연장한 경우		영업정지 1개월과 해당 제품 폐기	영업정지 2개월과 해당 제품 폐기	영업정지 3개월과 해당 제품 폐기
다) 제품에 표시된 제조연월일 또는 유통기한을 변조한 경우(가공 없이 포장만을 다시 하여 변조 표시한 경우를 포함한다)		영업허가·등록 취소 또는 영업소 폐쇄와 해당제품 폐기		

나. 법 제8조제1항을 위반한 경우	법 제14조 및 제16조			
1) 질병의 예방·치료에 효능이 있는 것으로 인식할 우려가 있는 표시 또는 광고, 식품등을 의약품으로 인식할 우려가 있는 표시 또는 광고		시정명령	영업정지 7일	영업정지 15일
2) 거짓·과장된 표시 또는 광고, 소비자를 기만하는 표시 또는 광고, 다른 업체나 다른 업체의 제품을 비방하는 표시 또는 광고, 객관적인 근거 없이 자기 또는 자기의 식품등을 다른 영업자나 다른 영업자의 식품등과 부당하게 비교하는 표시 또는 광고, 사행심을 조장하거나 음란한 표현을 사용하여 공중도덕이나 사회윤리를 현저하게 침해하는 표시 또는 광고		시정명령	영업정지 5일	영업정지 10일
다. 법 제9조제3항을 위반한 경우로서 실증자료 제출을 요청받은 자가 실증자료를 제출하지 않은 경우	법 제14조	시정명령		
라. 법 제14조에 따른 시정명령을 이행하지 않은 경우	법 제16조	영업정지 15일	영업정지 1개월	영업정지 2개월
마. 영업정지 처분 기간 중에 영업을 한 경우	법 제16조	영업허가·등록 취소 또는 영업소 폐쇄		
바. 그 밖에 가목부터 마목까지를 제외한 법을 위반한 경우(법 제31조에 따른 과태료 부과 대상에 해당하는 위반 사항은 제외한다)	법 제14조 및 제16조	시정명령	영업정지 7일	영업정지 15일

3 ···· 식품의약품안전처 고시 「식품등의 표시기준」
[표 4] 명칭과 용도를 함께 표시하여야 하는 식품첨가물

식품첨가물의 명칭	용 도
사카린나트륨 아스파탐 글리실리진산이나트륨 수크랄로스 아세설팜칼륨	감미료
식용색소녹색 제3호 식용색소녹색 제3호 알루미늄레이크 식용색소적색 제2호 식용색소적색 제2호 알루미늄레이크 식용색소적색 제3호 식용색소적색 제40호 식용색소적색 제40호 알루미늄레이크 식용색소적색 제102호 식용색소청색 제1호 식용색소청색 제1호 알루미늄레이크 식용색소청색 제2호 식용색소청색 제2호 알루미늄레이크 식용색소황색 제4호 식용색소황색 제4호 알루미늄레이크 식용색소황색 제5호 식용색소황색 제5호 알루미늄레이크 동클로로필 동클로로필린나트륨 철클로로필린나트륨 삼이산화철 이산화티타늄 수용성안나토 카민 β-카로틴 동클로로필린칼륨 β-아포-8'-카로티날	착색료

데히드로초산나트륨 소브산 소브산칼륨 소브산칼슘 안식향산 안식향산나트륨 안식향산칼륨 안식향산칼슘 파라옥시안식향산메틸 파라옥시안식향산에틸 프로피온산 프로피온산나트륨 프로피온산칼슘	보존료
디부틸히드록시톨루엔 부틸히드록시아니졸 몰식자산프로필 에리토브산 에리토브산나트륨 아스코르빌스테아레이트 아스코르빌파르미테이트 이·디·티·에이나트륨 이·디·티·에이칼슘이나트륨 터셔리부틸히드로퀴논	산화방지제
산성아황산나트륨 아황산나트륨 차아황산나트륨 무수아황산 메타중아황산칼륨 메타중아황산나트륨	표백용은 "표백제"로, 보존용은 "보존료"로, 산화방지제는 "산화방지제"로 한다.
차아염소산칼슘 차아염소산나트륨	살균용은 "살균제"로, 표백용은 "표백제"로 한다.
아질산나트륨 질산나트륨 질산칼륨	발색용은 "발색제"로, 보존용은 "보존료"로 한다.
카페인 L-글루탐산나트륨	향미증진제

4 ····· 식품의약품안전처 고시 「식품등의 표시기준」
[표 5] 명칭 또는 간략명을 표시하여야 하는 식품첨가물

식품첨가물의 명칭	간략명
가티검	
감색소	
감초추출물	
결정셀룰로스	결정섬유소
고량색소	
과산화벤조일(희석)	
과황산암모늄	
구아검	
국	
규산마그네슘	규산Mg
규산칼슘	규산Ca
규소수지	
글루코만난	
글루코사민	
글리세린	
금박	
김색소	
나타마이신	
니신	
덱스트란	
라우린산	
락색소	

락티톨	
로진	
로커스트콩검	
루틴	
D-리보오스	리보오스
마리골드색소	
만니톨	
D-말티톨	
말티톨시럽	
메틸셀룰로스	
메틸알콜	
메틸에틸셀룰로스	
몰식자산	
무궁화색소	
미리스트산	
미소섬유상셀룰로스	미소섬유상섬유소
백단향색소	
베리류색소	
벤토나이트	
변성전분	
변성호프추출물	
봉선화추출물	
분말셀룰로스	분말섬유소
비트레드	
사일리움씨드검	
사프란색소	
산소	
잔탄검	
D-소비톨	소비톨
D-소비톨액	소비톨액
수소	

스테비올배당체	
스테아린산	
스피룰리나색소	
시아너트색소	
시클로덱스트린	
시클로덱스트린시럽	
실리코알루민산나트륨	실리코알루민산Na
심황색소	
아라비노갈락탄	
아라비아검	
아산화질소	
아세톤	
아조디카르본아미드	
안나토색소	
알긴산나트륨	알긴산Na
알긴산암모늄	
알긴산칼륨	알긴산K
알긴산칼슘	알긴산Ca
알긴산프로필렌글리콜	알긴산에스테르
알팔파추출색소	알팔파색소
양파색소	
에틸셀룰로스	
염소	
염화칼륨	염화K
γ-오리자놀	오리자놀
오징어먹물색소	
옥시스테아린	
올레인산	
이산화규소	산화규소
이산화염소	
이산화탄소	

이소말트	
이소프로필알콜	
자몽종자추출물	
자일리톨	
자주색고구마색소	
자주색옥수수색소	
자주색참마색소	
적무색소	
적양배추색소	
젤란검	
종국	
지베렐린산	
질소	
차즈기색소	
차추출물	
차카테킨	
참깨유불검화물	참깨유추출물
초산에틸	
치자적색소	
치자청색소	
치자황색소	
카라멜색소	
카라야검	
카로틴	
카복시메틸셀룰로스나트륨	카복시메틸셀룰로스Na, 섬유소글리콘산나트륨, 섬유소글리콘산Na, CMC나트륨, CMC-Na, CMC, 셀룰로스검
카복시메틸셀룰로스칼슘	카복시메틸셀룰로스Ca, 섬유소글리콘산칼슘, 섬유소글리콘산Ca, CMC칼슘, CMC-Ca
카복시메틸스타치나트륨	카복시메틸스타치Na, 카복시메틸전분Na, 전분글리콘산나트륨, 전분글리콘산Na
카카오색소	
카프릭산	

카프릴산	
커드란	
케르세틴	
코치닐추출색소	코치닐색소
클로로필	
D-자일로오스	자일로오스
키토산	
키틴	
타라검	
타마린드검	
타마린드색소	
탈지미강추출물	
토마토색소	
토마틴	
트라가칸스검	
파프리카추출색소	파프리카색소
파피아색소	
팔미트산	
퍼셀레란	
페로시안화나트륨	페로시안화Na
페로시안화칼륨	페로시안화K
페로시안화칼슘	페로시안화Ca
페룰린산	
펙틴	
포도과즙색소	
포도과피색소	
포도종자추출물	
폴리감마글루탐산	폴리글루탐산
폴리글리시톨시럽	폴리글루시톨
폴리덱스트로스	
ε-폴리리신	폴리리신

폴리아크릴산나트륨	폴리아크릴산Na
피칸너트색소	
헥산	
홍국색소	
홍국황색소	
홍화적색소	
홍화황색소	
효소분해사과추출물	
효소처리스테비아	
히드록시프로필메틸셀룰로스	
히드록시프로필셀룰로스	
히알루론산	

5 ···· 식품의약품안전처 고시 「식품등의 표시기준」 [표 6] 명칭, 간략명 또는 주용도를 표시하여야 하는 식품첨가물

식품첨가물의 명칭	간략명	주용도
5'-구아닐산이나트륨	구아닐산이나트륨, 구아닐산나트륨, 구아닐산Na	영양강화제, 향미증진제
구연산		산도조절제
구연산망간	구연산Mn	영양강화제
구연산삼나트륨	구연산Na	산도조절제, 영양강화제
구연산철	구연산Fe	영양강화제
구연산철암모늄		영양강화제
구연산칼륨	구연산K	산도조절제, 영양강화제
구연산칼슘	구연산Ca	산도조절제, 영양강화제
β-글루카나아제	글루카나아제	효소제
글루코노-δ-락톤		두부응고제, 산도조절제, 팽창제
글루코아밀라아제		효소제
글루코오스산화효소		효소제
글루코오스이성화효소		효소제
글루콘산		산도조절제
글루콘산나트륨	글루콘산Na	산도조절제, 유화제, 영양강화제
글루콘산동	글루콘산Cu	영양강화제
글루콘산마그네슘	글루콘산Mg	산도조절제, 영양강화제
글루콘산망간	글루콘산Mn	영양강화제
글루콘산아연	글루콘산Zn	영양강화제
글루콘산철	글루콘산Fe	산도조절제, 영양강화제
글루콘산칼륨	글루콘산K	산도조절제, 영양강화제

글루콘산칼슘	글루콘산Ca	산도조절제, 영양강화제
글루타미나아제		효소제
L-글루타민	글루타민	영양강화제
L-글루탐산	글루탐산	향미증진제, 영양강화제
L-글루탐산암모늄	글루탐산암모늄	향미증진제
L-글루탐산칼륨	글루탐산칼륨, 글루탐산K	향미증진제
글리세로인산칼륨	글리세로인산K	영양강화제
글리세로인산칼슘	글리세로인산Ca	영양강화제
글리세린지방산에스테르	글리세린에스테르	유화제, 껌기초제
글리신		영양강화제, 향미증진제
나린진		향미증진제
니코틴산		영양강화제
니코틴산아미드		영양강화제
담마검		피막제, 증점제, 안정제
덱스트라나아제		효소제
디벤조일티아민		영양강화제
디벤조일티아민염산염		영양강화제
디아스타아제		효소제
라우릴황산나트륨	라우릴황산Na	유화제
L-라이신	라이신	영양강화제
L-라이신염산염	라이신염산염	영양강화제
락타아제		효소제
락토페린농축물	락토페린	영양강화제
레시틴		유화제
렌넷카제인		유화제, 증점제, 안정제
L-로이신	로이신	영양강화제
5'-리보뉴클레오티드이나트륨	5'-리보뉴클레오티드Na, 리보뉴클레오티드이나트륨, 리보뉴클레오티드Na	향미증진제, 영양강화제
5'-리보뉴클레오티드이칼슘	5'-리보뉴클레오티드Ca, 리보뉴클레오티드칼슘, 리보뉴클레오티드Ca	향미증진제, 영양강화제
리소짐		효소제

리파아제		효소제
리파아제/에스테라아제		효소제
말토게닉아밀라아제		효소제
말토트리오히드로라아제	G3생성효소	효소제
메타인산나트륨	메타인산Na	산도조절제, 팽창제
메타인산칼륨	메타인산K	산도조절제, 팽창제
DL-메티오닌		영양강화제
L-메티오닌		영양강화제
몰리브덴산암모늄		영양강화제
몰포린지방산염	몰포린	피막제
뮤신		영양강화제
밀납		피막제
L-발린	발린	영양강화제
베타글리코시다아제	글리코시다아제	효소제
베타인		향미증진제
분말비타민A	비타민A, Vit.A	영양강화제
비오틴		영양강화제
비타민B12		영양강화제
비타민B1나프탈린-1,5-디설폰산염		영양강화제
비타민B1나프탈린-2,6-디설폰산염		영양강화제
비타민B1라우릴황산염		영양강화제
비타민B1로단산염	치아민로단산염, Vit.B1로단산염, Vit.B1티오시안산염	영양강화제
비타민B1염산염	치아민염산염	영양강화제
비타민B1질산염		영양강화제
비타민B1프탈린염		영양강화제
비타민B2	Vit. B2	영양강화제
비타민B2인산에스테르나트륨	비타민B2인산에스테르Na, Vit. B2인산에스테르Na, 리보플라빈인산에스테르Na	영양강화제
비타민B6염산염	Vit. B6염산염	영양강화제

비타민C	Vit. C	영양강화제
비타민D2	Vit. D2	영양강화제
비타민D3	Vit. D3	영양강화제
비타민E	Vit. E	영양강화제
비타민K1	Vit. K1	영양강화제
빙초산		산도조절제
DL-사과산	사과산	산도조절제, 팽창제
DL-사과산나트륨	사과산Na	산도조절제, 팽창제
산성알루미늄인산나트륨	산성알루미늄인산Na	산도조절제, 팽창제
산성피로인산나트륨	산성피로인산Na, 피로인산일나트륨, 피로인산일Na	산도조절제, 팽창제
산화마그네슘	산화Mg	영양강화제
산화아연	산화Zn	영양강화제
산화칼슘	산화Ca	산도조절제, 영양강화제
석유왁스		피막제, 껌기초제
L-세린	세린	영양강화제
세스퀴탄산나트륨	세스퀴탄산Na	산도조절제, 팽창제
셀룰라아제		효소제
소르비탄지방산에스테르	소르비탄에스테르	유화제, 껌기초제
수산화마그네슘	수산화Mg	산도조절제, 영양강화제
수산화암모늄		산도조절제
수산화칼슘	수산화Ca, 소석회	산도조절제
쉘락		피막제
스테아린산마그네슘	스테아린산Mg	영양강화제, 유화제
스테아린산칼슘	스테아린산Ca	영양강화제, 유화제
스테아릴젖산나트륨	스테아릴젖산Na	유화제
스테아릴젖산칼슘	스테아릴젖산Ca	유화제
L-시스테인염산염	시스테인염산염	영양강화제, 밀가루개량제
L-시스틴	시스틴	영양강화제
5'-시티딜산	시티딜산, CMP	영양강화제
5'-시티딜산이나트륨	5'-시티딜산나트륨, 5'-시티딜산Na, 시티딜산이나트륨, 시티딜산이Na, 시티딜산나트륨, 시티딜산Na	영양강화제

쌀겨왁스		피막제
5'-아데닐산	아데닐산, AMP	영양강화제
아디프산		산도조절제, 팽창제
L-아르지닌	아르지닌	영양강화제
α-아밀라아제(비세균성)	아밀라아제	효소제
α-아밀라아제(세균성)	아밀라아제	효소제
아셀렌산나트륨	아셀렌산Na	영양강화제
L-아스코브산나트륨	아스코브산나트륨, 아스코브산Na, 비타민C-Na	영양강화제, 산화방지제
아스코브산칼슘	아스코브산Ca, 비타민C-Ca	영양강화제, 산화방지제
아스파라지나아제		효소제
L-아스파라진	아스파라진	영양강화제
L-아스파트산	아스파트산, 아스파라진산	영양강화제
알긴산		유화제, 증점제, 안정제
DL-알라닌		영양강화제
L-알라닌		영양강화제
알파갈락토시다아제	갈락토시다아제	효소제
에리스리톨		향미증진제, 감미료, 습윤제
에스테르검		껌기초제, 안정제
염기성알루미늄인산나트륨	염기성알루미늄인산Na	산도조절제, 유화제
염화마그네슘	염화Mg	두부응고제, 영양강화제
염화망간	염화Mn	영양강화제
염화암모늄		팽창제
염화제이철	염화철, 염화Fe	영양강화제
염화칼슘	염화Ca	두부응고제, 영양강화제
염화콜린		영양강화제
염화크롬	염화Cr	영양강화제
엽산		영양강화제
올레오레진캡시컴		향미증진제
올레인산나트륨	올레인산Na	피막제
요오드칼륨	요오드K	영양강화제
용성비타민P		영양강화제

5'-우리딜산이나트륨	5'-우리딜산나트륨, 5'-우리딜산Na, 우리딜산이나트륨, 우리딜산이Na, 우리딜산나트륨, 우리딜산Na	영양강화제
우유응고효소		효소제
유동파라핀		피막제, 이형제
유성비타민A지방산에스테르	유성비타민A에스테르, 비타민A에스테르	영양강화제
유카추출물		유화제
이노시톨		영양강화제
5'-이노신산이나트륨	5'-이노신산나트륨, 5'-이노신산Na, 이노신산이나트륨, 이노신산Na	영양강화제, 향미증진제
이리단백		영양강화제
L-이소로이신	이소로이신	영양강화제
이초산나트륨	이초산Na	산도조절제
이타콘산		산도조절제
인베르타아제		효소제
인산		산도조절제, 영양강화제
인산철	인산Fe	영양강화제
자당지방산에스테르	자당에스테르	유화제, 껌기초제
전해철		영양강화제
젖산		산도조절제
젖산나트륨	젖산Na	산도조절제, 향미증진제, 유화제, 영양강화제
L-젖산마그네슘	L-젖산Mg, 젖산마그네슘, 젖산Mg	산도조절제
젖산철	젖산Fe	산도조절제, 영양강화제
젖산칼륨	젖산K	산도조절제, 향미증진제
젖산칼슘	젖산Ca	산도조절제, 영양강화제
제삼인산나트륨	제삼인산Na, 인산삼Na	산도조절제, 팽창제, 영양강화제
제삼인산마그네슘	제삼인산Mg, 인산삼Mg	산도조절제, 영양강화제, 팽창제
제삼인산칼륨	제삼인산K, 인산삼K	산도조절제, 팽창제, 영양강화제
제삼인산칼슘	제삼인산Ca, 인산삼Ca	산도조절제, 영양강화제, 팽창제
제이인산나트륨	제이인산Na, 인산이Na	산도조절제, 팽창제, 영양강화제
제이인산마그네슘	제이인산Mg, 인산이Mg	산도조절제, 영양강화제, 팽창제
제이인산암모늄		산도조절제, 팽창제

제이인산칼륨	제이인산K, 인산이K	산도조절제, 팽창제, 영양강화제
제이인산칼슘	제이인산Ca, 인산이Ca	산도조절제, 영양강화제, 팽창제
제일인산나트륨	제일인산Na, 인산일Na	산도조절제, 팽창제, 영양강화제
제일인산암모늄	인산일암모늄	산도조절제, 팽창제
제일인산칼륨	제일인산K, 인산일K, 산성인산칼륨, 산성인산K	산도조절제, 팽창제, 영양강화제
제일인산칼슘	제일인산Ca, 인산일Ca, 산성인산칼슘, 산성인산Ca	산도조절제, 영양강화제, 팽창제
젤라틴		유화제, 젤형성제, 안정제
조제해수염화마그네슘		두부응고제
DL-주석산		산도조절제
L-주석산		산도조절제
DL-주석산나트륨	DL-주석산Na	산도조절제
L-주석산나트륨	L-주석산Na	산도조절제, 영양강화제
DL-주석산수소칼륨	DL-주석산수소K, DL-중주석산칼륨, DL-중주석산K	산도조절제, 팽창제
L-주석산수소칼륨	L-주석산수소K, L-중주석산칼륨, L-중주석산K	산도조절제, 팽창제
주석산수소콜린	중주석산콜린	영양강화제
주석산칼륨나트륨	주석산K · Na	산도조절제
검레진		껌기초제
초산		산도조절제, 향미증진제
초산나트륨	초산Na	산도조절제
초산비닐수지		껌기초제, 피막제
초산칼슘	초산Ca	산도조절제
카나우바왁스		피막제
카라기난		유화제
L-카르니틴	카르니틴	영양강화제
카제인		유화제, 증점제, 안정제
카제인나트륨	카제인Na	유화제, 증점제, 안정제
카탈라아제		효소제
칸델릴라왁스		유화제, 피막제
퀼라야추출물		유화제
키토사나아제		효소제
타우린		영양강화제

탄나아제		효소제
탄닌산		향미증진제
탄산나트륨	탄산Na, 소오다회	산도조절제, 팽창제, 영양강화제
탄산마그네슘	탄산Mg	산도조절제, 영양강화제, 팽창제
탄산수소나트륨	탄산수소Na, 중탄산Na	산도조절제, 팽창제, 영양강화제
탄산수소암모늄		산도조절제, 팽창제
탄산수소칼륨	탄산수소K, 중탄산칼륨, 중탄산K	산도조절제, 팽창제, 영양강화제
탄산암모늄		산도조절제, 팽창제
탄산칼륨(무수)	탄산칼륨, 탄산K	산도조절제, 팽창제
탄산칼슘	탄산Ca	산도조절제, 영양강화제, 팽창제, 껌기초제
테아닌		영양강화제
탤크		껌기초제, 여과보조제, 표면처리제
d-α-토코페롤	토코페롤	영양강화제, 산화방지제
d-토코페롤(혼합형)	토코페롤(혼합형)	영양강화제, 산화방지제
dl-α-토코페릴아세테이트	초산토코페롤, 초산비타민E, 초산Vit. E	영양강화제, 산화방지제
d-α-토코페릴아세테이트	초산토코페롤, 초산비타민E, 초산Vit. E	영양강화제, 산화방지제
d-α-토코페릴호박산	호박산토코페롤, 호박산비타민E, 호박산Vit. E	영양강화제, 산화방지제
2트랜스글루코시다아제		효소제
트랜스글루타미나아제		효소제
DL-트레오닌		영양강화제
L-트레오닌		영양강화제
트리아세틴		유화제, 껌기초제
트립신		효소제
DL-트립토판		영양강화제
L-트립토판		영양강화제
L-티로신	티로신	영양강화제
판크레아틴		효소제
판토텐산나트륨	판토텐산Na	영양강화제
판토텐산칼슘	판토텐산Ca	영양강화제
DL-페닐알라닌		영양강화제

L-페닐알라닌		영양강화제
펙티나아제		효소제
펙틴		증점제, 안정제
펩신		효소제
포스포리파아제 A2		효소제
폴리부텐		껌기초제
폴리비닐피로리돈		피막제
폴리소르베이트20		유화제
폴리소르베이트60		유화제
폴리소르베이트65		유화제
폴리소르베이트80		유화제
폴리이소부틸렌		껌기초제
폴리인산나트륨	폴리인산Na	산도조절제, 팽창제
폴리인산칼륨	폴리인산K	산도조절제, 팽창제
푸마르산		산도조절제
푸마르산일나트륨	푸마르산나트륨, 푸마르산Na	산도조절제
푸마르산제일철	푸마르산철, 푸마르산Fe	영양강화제
풀루라나아제		효소제
풀루란		피막제
프로테아제(곰팡이성: HUT)	프로테아제	효소제
프로테아제(곰팡이성: SAP)	프로테아제	효소제
프로테아제(세균성)	프로테아제	효소제
프로테아제(식물성)	프로테아제	효소제
프로필렌글리콜		유화제, 습윤제, 안정제
프로필렌글리콜지방산에스테르	프로필렌글리콜에스테르	유화제
L-프롤린	프롤린	영양강화제
피로인산나트륨	피로인산Na, 피로인산사Na	산도조절제, 팽창제
피로인산제이철	피로인산철, 피로인산Fe	영양강화제
피로인산철나트륨	피로인산철Na, 피로인산Fe · Na	영양강화제
피로인산칼륨	피로인산K	산도조절제, 팽창제

피마자유		피막제, 이형제
피틴산		산도조절제
향신료 올레오레진류		향미증진제
헤미셀룰라아제		효소제
헤스페리딘		영양강화제
헴철		영양강화제
호박산		산도조절제, 향미증진제
호박산이나트륨	호박산나트륨, 호박산Na	산도조절제, 향미증진제
환원철		영양강화제
황산나트륨	황산Na	산도조절제, 영양강화제
황산동	황산Cu	영양강화제, 제조용제
황산마그네슘	황산Mg	두부응고제, 영양강화제
황산망간	황산Mn	영양강화제
황산아연	황산Zn	영양강화제, 제조용제
황산알루미늄암모늄		팽창제
황산알루미늄칼륨	황산알루미늄K, 황산Al·K, 칼륨명반	산도조절제, 팽창제
황산암모늄		팽창제
황산제일철	황산철, 황산Fe	영양강화제
황산칼륨	황산K	산도조절제
황산칼슘	황산Ca	두부응고제, 산도조절제, 영양강화제
효모		팽창제
효모추출물		향미증진제
효소분해레시틴		유화제
효소처리루틴		산화방지제
효소처리헤스페리딘		영양강화제
L-히스티딘	히스티딘	영양강화제
L-히스티딘염산염	히스티딘염산염	영양강화제
엑소말토테트라히드로라아제		효소제

**블로그, 유튜브, 인스타그램,
라이브커머스까지**

식품표시광고
가이드라인

ⓒ 김태민 · 신지윤, 2021

초판 1쇄 발행 2021년 5월 7일

지은이	김태민 · 신지윤
펴낸이	이기봉
편집	좋은땅 편집팀
펴낸곳	도서출판 좋은땅
주소	서울 마포구 성지길 25 보광빌딩 2층
전화	02)374-8616~7
팩스	02)374-8614
이메일	gworldbook@naver.com
홈페이지	www.g-world.co.kr

ISBN   979-11-6649-709-4 (03320)

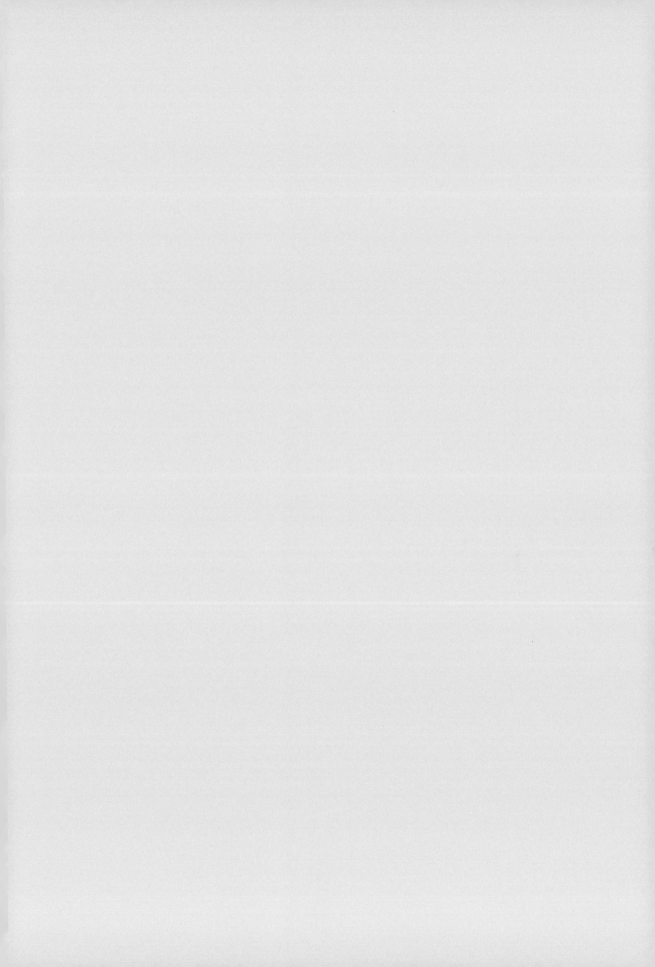